한글 연필글씨 교정법

한국두뇌개발교육원
손 동 조 원장 지음

BM (주)도서출판 성안당

머리말

글씨는 마음의 표현, 마음의 그림이다. 어떤 사람의 글씨를 보면 직접 만나보지 않아도 그 사람의 인격과 품위, 성격을 알 수 있다고 하였다.
스마트폰 시대라 이제는 예전처럼 글씨를 쓸 기회가 많지 않지만, 글씨 쓰기는 여전히 중요하다.
글씨는 멋있게 쓰는 것보다 남들이 잘 알아볼 수 있도록 쓴 글씨가 잘 쓴 글씨이다. 잘 쓴 글씨는 논술이나 서술형 답안작성에서 높은 점수를 받을 수 있다.
글씨를 잘 쓰기 위해서는 어릴 적부터 바르게 또박또박 쓰는 습관이 있어야 하며, 같은 내용을 반복적으로 써보면서 연습하면 좋다.
글씨 교정을 위해서는 기본선 긋기부터 시작하여 한 글자 한 단어 쓰기로 이어져야 한다. 그래야 자연스럽게 문장도 잘 쓸 수 있다. 가로 선(ㅡ), 세로 선(ㅣ) 긋기부터 시작하여 시옷(ㅅ)자 이응(ㅇ)자, 이렇게 네 가지만 잘 써도 글씨의 기본은 갖추었다고 말할 수 있다.
ㄱㄴㄷㄹㅁㅂㅋㅌㅍ 자는 가로와 세로로 이어지고, ㅈㅊ은 가로와 시옷으로 이어지며, ㅎ은 가로와 이응으로 완성된다. 따라서 가로 선과 세로 선 긋기, 시옷과 이응 연습만 잘 했다면 글씨를 잘 쓸 수 있다.
요즘은 첨단기기의 발달로 인하여 우리에게 손 글씨는 점점 멀어져 가고 있으며 그래서 글씨를 정확하고 예쁘게 쓰려면 많은 연습이 필요한 상황이다.
직접 손으로 글씨를 쓰지 않고 글자판을 이용하여 문서나 숙제 또는 리포트를 작성하게 되는 시대이니, 악필이 많은 것은 당연하다 볼 수 있다.
그래서 요즘은 초등생뿐만 아니라 중학생, 고등학생, 대학생, 일반인까지도 악필로 고민하는 경우가 많다.
어려서부터 아이들에게 바르게 글씨 쓰는 습관을 길러 주면 학습 능력이 높아지고 인성 교육에도 도움이 된다. 또 손으로 연필을 잡고 글씨를 쓰면 두뇌발달에도 많은 도움을 준다.
꾸준히 글씨 쓰기 연습을 하여 사회생활에서 명필로 인정받는 사람이 되길 바란다.

손 동 조

차례

머리말 · 5
필기구 잡는 법과 글씨 쓰기의 올바른 자세 · · · · · · · · · · · · · · · · · 7
여러 유형의 악필 글씨체의 예 · 8
4가지 기본 선 긋기 연습하기 · 9
아라비아 숫자 1~0까지 바르게 쓰기 · 19
한글의 자음 쓰기 순서 기억하기 · 23
[자음]의 [ㄱ]자 글자 선 따라 쓰기 · 24
낱말 쓰기 끝내고 동시 예쁘게 따라 쓰기[1] 비 · · · · · · · · · · · · · 39
한글 자음 열아홉 자 알아보기 · 40
한글 자음 글자 선 따라 쓰기 · 41
한글의 모음 쓰기 순서 기억하기 · 48
[모음]의 [ㅏ]자 글자 선 따라 쓰기 · 49
낱말 쓰기 끝내고 동시 예쁘게 따라 쓰기[2] 황소 · · · · · · · · · · · 65
한글 모음 스물한 자 알아보기 · 66
한글 모음 글자 선 따라 쓰기 · 67
낱말 쓰기 끝내고 동시 예쁘게 따라 쓰기[3] 허수아비 · · · · · · · 75
[ㄱ]의 [가]행 글자 선 따라 쓰기 · 76
낱말 쓰기 끝내고 동시 예쁘게 따라 쓰기[4] 달밤 · · · · · · · · · · 91
[한글] 숫자 글자 선 따라 쓰기 · 92
낱말 쓰기 끝내고 동시 예쁘게 따라 쓰기[5] 놀이터 · · · · · · · · 101
한글 낱말 글자 선 따라 쓰기 · 102
낱말 쓰기 끝내고 동시 예쁘게 따라 쓰기[6] 바다 · · · · · · · · · · 123
수수께끼 문제 글자 선 따라 쓰기 · 124
낱말 쓰기 끝내고 동시 예쁘게 따라 쓰기[7] 썰매 · · · · · · · · · · 145
낱말 쓰기 끝내고 동시 예쁘게 따라 쓰기[8] 비눗방울 · · · · · · 147
낱말 쓰기 끝내고 동시 예쁘게 따라 쓰기[9] 봄나들이 · · · · · · 149
스스로 예쁘게 글자 쓰기 연습란 · 150

필기구 잡는 법과 글씨 쓰기의 올바른 자세

필기구는 아래 심 끝으로부터 3cm 정도 위로 손가락을 쥔 상태에서, 엄지와 검지는 V자 형태로 마주 잡고, 중지로는 필기구 아래쪽을 가볍게 받쳐 든다.

필기구의 각도는 책상으로부터 60° 정도 기울이는 것이 가장 좋은 자세로, 이 각도가 좋은 필기체가 나오는 최상의 각도이다.

글씨를 쓸 때에는 글자를 일정한 크기로 써야 하며 글자의 간격을 맞추어 수평을 유지하여 글을 써 나가야 한다.

책상에 앉아서 글을 쓸 때는 상체를 15° 정도 숙인 상태에서 양손을 책상 위에 가지런히 올려놓는다.

글씨를 바르게 쓰려면 노트를 수평으로 바르게 놓아야 한다.

노트와 필기구는 가슴으로부터 약간 벗어난 우측 겨드랑이 선에 오게 하는 것이 좋다.

필기구 잡는 바른 자세와 잘못된 자세

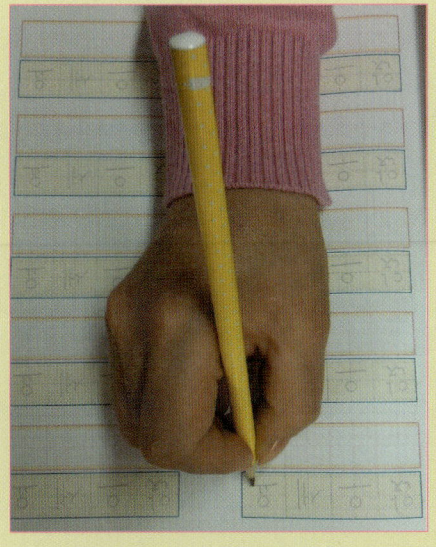

[필기구 잡는 바른 자세 ○]

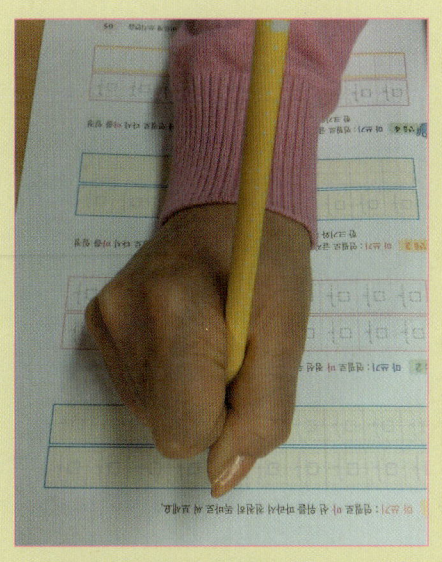

[필기구 잡는 잘못된 자세 ×]

여러 유형의 악필 글씨체의 예

▶ 글자 쓰기의 기본 연습이 부족하고 성의 없이 대충 쓰는 무성의 형
▶ 자음과 모음의 크기가 고르지 않은 들쑥날쑥 형
▶ 세로와 가로의 선이 일정하지 않은 천방지축 형
▶ 띄어 쓰기를 하지 않고 글의 두서가 없는 마음대로 형
▶ 글자의 크기가 일정하지 않고 글자가 상하로 기울어지며 써나가는 파도물결 형
▶ 줄과 칸을 무시하고 어지럽게 쓰는 난필 형

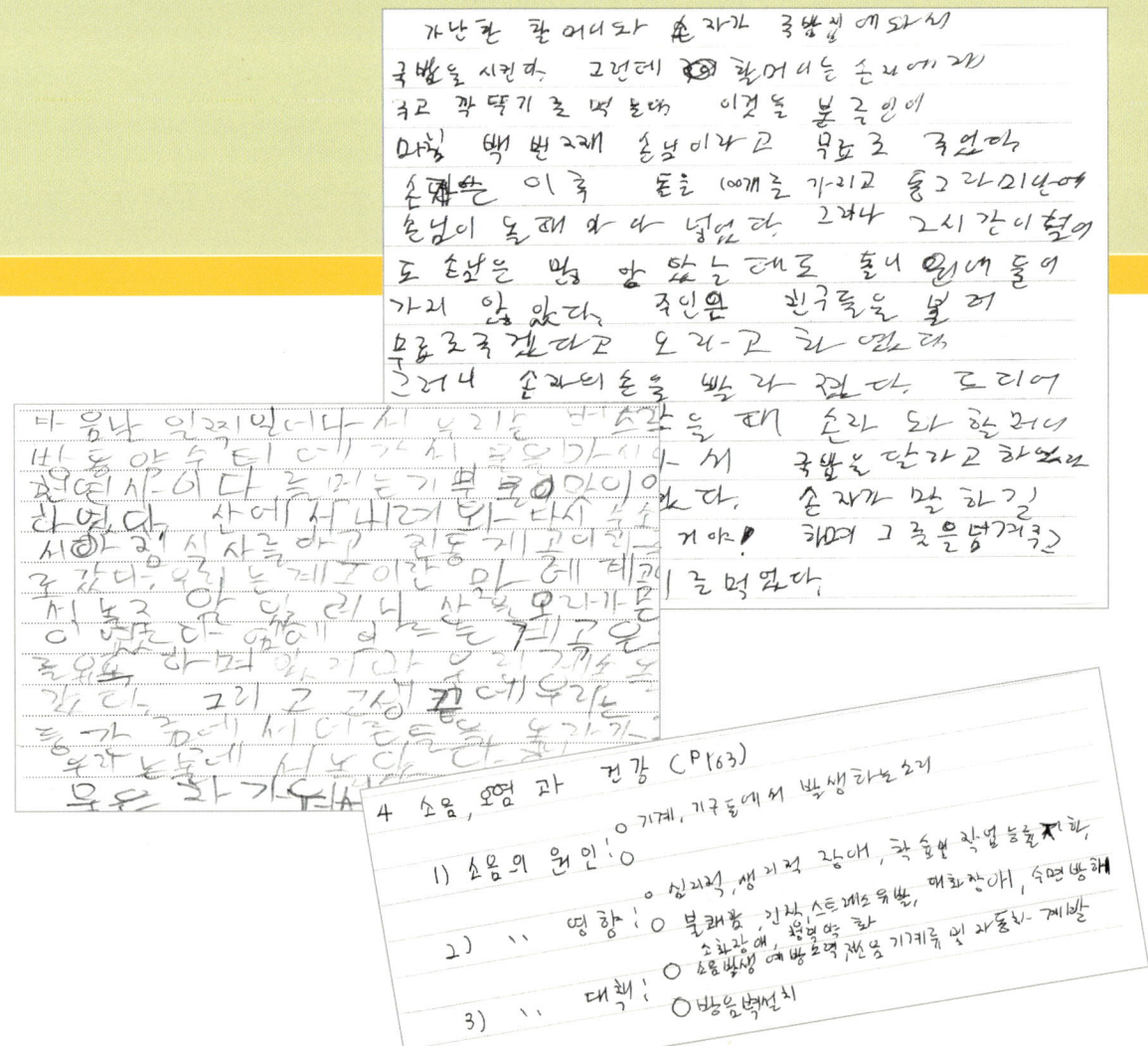

4가지 기본 선 긋기 연습하기

아래 선 긋기 점선을 따라 연필로 천천히 써 보세요.

[가로 긋기]　　[세로 긋기]　　[시옷 긋기]　　[이응 긋기]

[가로 긋기]　　[세로 긋기]　　[시옷 긋기]　　[이응 긋기]

[가로 긋기]　　[세로 긋기]　　[시옷 긋기]　　[이응 긋기]

[가로 긋기]　　[세로 긋기]　　[시옷 긋기]　　[이응 긋기]

[가로 긋기]　　[세로 긋기]　　[시옷 긋기]　　[이응 긋기]

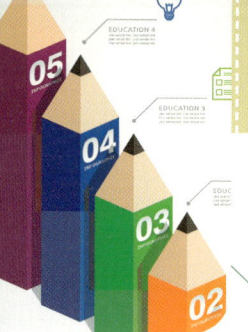

4가지 기본 선 긋기 연습하기 ②

아래 선 긋기 점선을 따라 연필로 천천히 써 보세요.

[가로 긋기]　　[세로 긋기]　　[시옷 긋기]　　[이응 긋기]

[가로 긋기]　　[세로 긋기]　　[시옷 긋기]　　[이응 긋기]

[가로 긋기]　　[세로 긋기]　　[시옷 긋기]　　[이응 긋기]

[가로 긋기]　　[세로 긋기]　　[시옷 긋기]　　[이응 긋기]

[가로 긋기]　　[세로 긋기]　　[시옷 긋기]　　[이응 긋기]

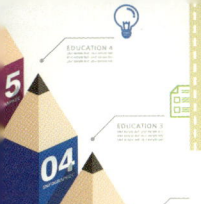

4가지 기본 선 긋기 연습하기

● 아래 선 긋기 점선을 따라 연필로 천천히 써 보세요.

[가로 긋기]　　[세로 긋기]　　[시옷 긋기]　　[이응 긋기]

[가로 긋기]　　[세로 긋기]　　[시옷 긋기]　　[이응 긋기]

[가로 긋기]　　[세로 긋기]　　[시옷 긋기]　　[이응 긋기]

[가로 긋기]　　[세로 긋기]　　[시옷 긋기]　　[이응 긋기]

[가로 긋기]　　[세로 긋기]　　[시옷 긋기]　　[이응 긋기]

4가지 기본 선 긋기 연습하기

● 아래 선 긋기 점선을 따라 연필로 천천히 써 보세요.

[가로 긋기]　　[세로 긋기]　　[시옷 긋기]　　[이응 긋기]

[가로 긋기]　　[세로 긋기]　　[시옷 긋기]　　[이응 긋기]

[가로 긋기]　　[세로 긋기]　　[시옷 긋기]　　[이응 긋기]

[가로 긋기]　　[세로 긋기]　　[시옷 긋기]　　[이응 긋기]

[가로 긋기]　　[세로 긋기]　　[시옷 긋기]　　[이응 긋기]

4가지 기본 선 긋기 연습하기

● 아래 선 긋기 점선을 따라 연필로 천천히 써 보세요.

[가로 긋기]   [세로 긋기]   [시옷 긋기]   [이응 긋기]

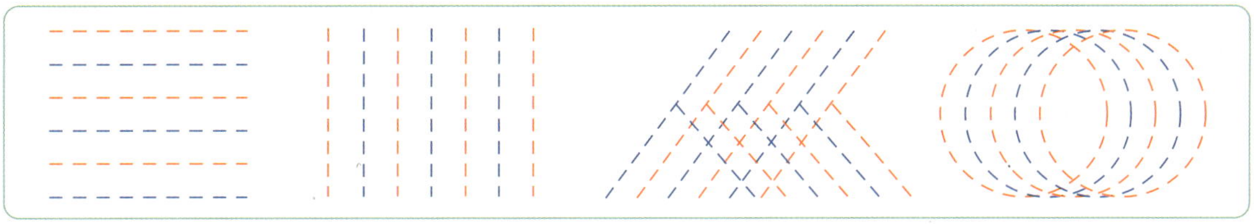

[가로 긋기]   [세로 긋기]   [시옷 긋기]   [이응 긋기]

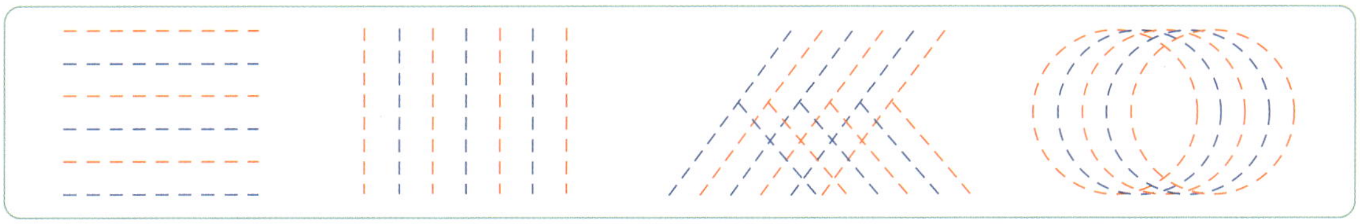

[가로 긋기]   [세로 긋기]   [시옷 긋기]   [이응 긋기]

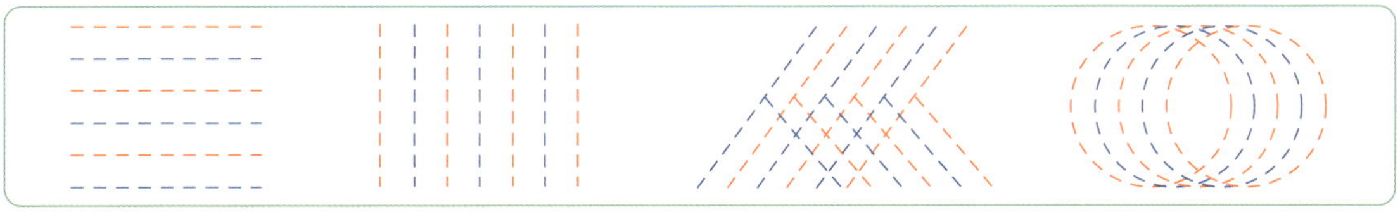

[가로 긋기]   [세로 긋기]   [시옷 긋기]   [이응 긋기]

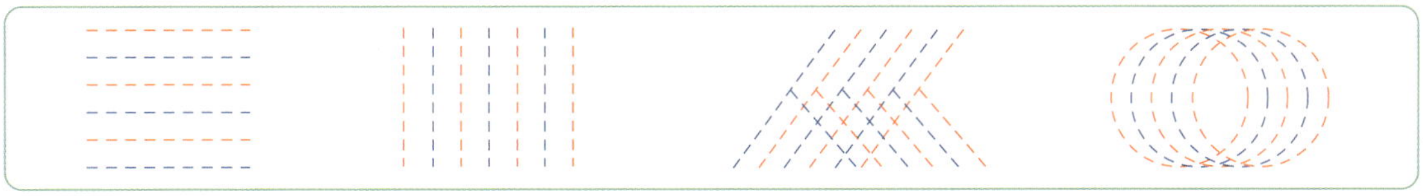

[가로 긋기]   [세로 긋기]   [시옷 긋기]   [이응 긋기]

4가지 기본 선 긋기 연습하기

● 아래 선 긋기 점선을 따라 연필로 천천히 써 보세요.

[가로 긋기]　　[세로 긋기]　　[시옷 긋기]　　[이응 긋기]

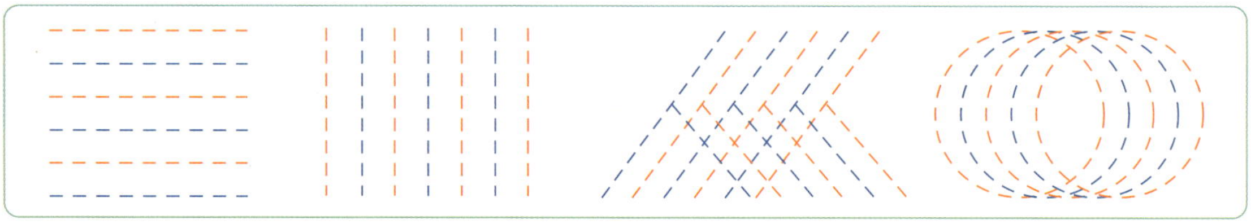

[가로 긋기]　　[세로 긋기]　　[시옷 긋기]　　[이응 긋기]

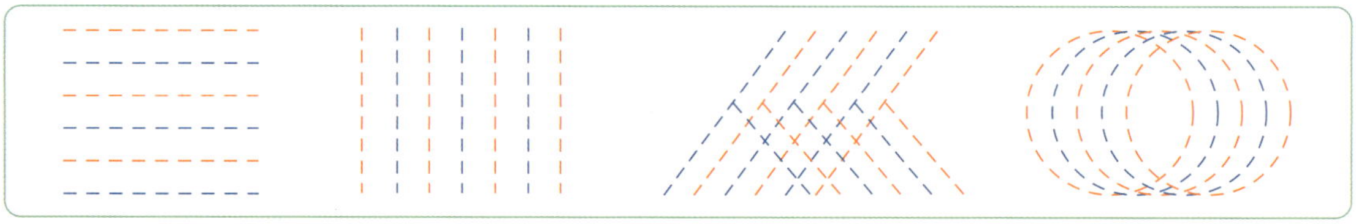

[가로 긋기]　　[세로 긋기]　　[시옷 긋기]　　[이응 긋기]

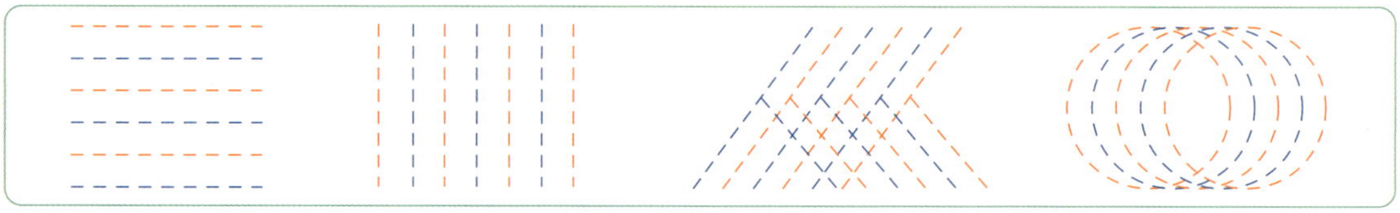

[가로 긋기]　　[세로 긋기]　　[시옷 긋기]　　[이응 긋기]

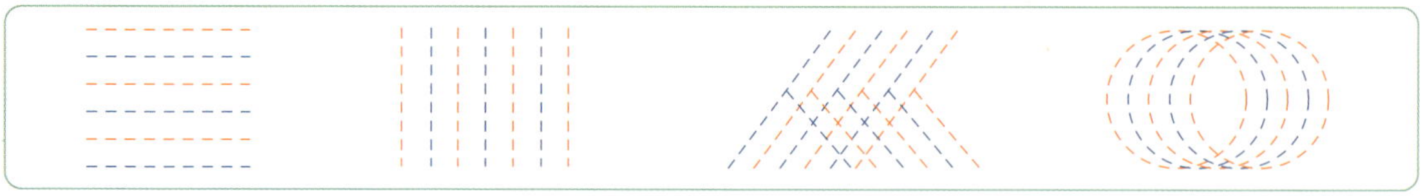

[가로 긋기]　　[세로 긋기]　　[시옷 긋기]　　[이응 긋기]

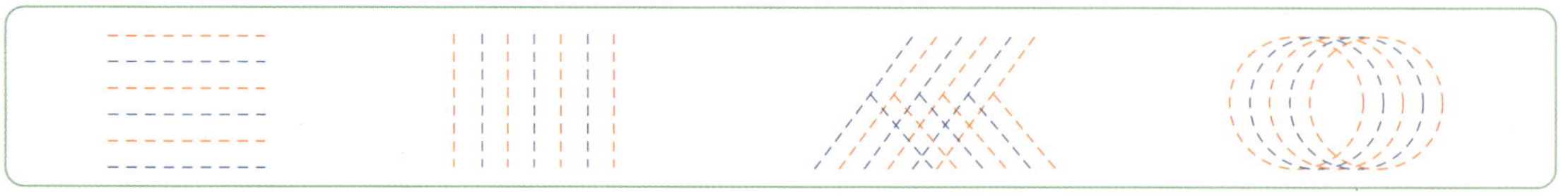

4가지 기본 선 긋기 연습하기

● 아래 선 긋기 점선을 따라 연필로 천천히 써 보세요.

[가로 긋기]   [세로 긋기]   [시옷 긋기]   [이응 긋기]

[가로 긋기]   [세로 긋기]   [시옷 긋기]   [이응 긋기]

[가로 긋기]   [세로 긋기]   [시옷 긋기]   [이응 긋기]

[가로 긋기]   [세로 긋기]   [시옷 긋기]   [이응 긋기]

[가로 긋기]   [세로 긋기]   [시옷 긋기]   [이응 긋기]

4가지 기본 선 긋기 연습하기

아래 선 긋기 점선을 따라 연필로 천천히 써 보세요.

[가로 긋기]　　[세로 긋기]　　[시옷 긋기]　　[이응 긋기]

[가로 긋기]　　[세로 긋기]　　[시옷 긋기]　　[이응 긋기]

[가로 긋기]　　[세로 긋기]　　[시옷 긋기]　　[이응 긋기]

[가로 긋기]　　[세로 긋기]　　[시옷 긋기]　　[이응 긋기]

[가로 긋기]　　[세로 긋기]　　[시옷 긋기]　　[이응 긋기]

4가지 기본 선 긋기 연습하기 ❾

● 아래 선 긋기 점선을 따라 연필로 천천히 써 보세요.

[가로 긋기]　　[세로 긋기]　　[시옷 긋기]　　[이응 긋기]

[가로 긋기]　　[세로 긋기]　　[시옷 긋기]　　[이응 긋기]

[가로 긋기]　　[세로 긋기]　　[시옷 긋기]　　[이응 긋기]

[가로 긋기]　　[세로 긋기]　　[시옷 긋기]　　[이응 긋기]

[가로 긋기]　　[세로 긋기]　　[시옷 긋기]　　[이응 긋기]

4가지 기본 선 긋기 연습하기

● 아래 선 긋기 점선을 따라 연필로 천천히 써 보세요.

[가로 긋기]   [세로 긋기]   [시옷 긋기]   [이응 긋기]

[가로 긋기]   [세로 긋기]   [시옷 긋기]   [이응 긋기]

[가로 긋기]   [세로 긋기]   [시옷 긋기]   [이응 긋기]

[가로 긋기]   [세로 긋기]   [시옷 긋기]   [이응 긋기]

[가로 긋기]   [세로 긋기]   [시옷 긋기]   [이응 긋기]

아라비아 숫자 1~0까지 똑바로 바르게 쓰기

아래 숫자 선을 따라 천천히 연필로 예쁘게 써 보세요.

1	1	1	1	1	1	1	1	1	1
2	2	2	2	2	2	2	2	2	2
3	3	3	3	3	3	3	3	3	3
4	4	4	4	4	4	4	4	4	4
5	5	5	5	5	5	5	5	5	5

아라비아 숫자
1~0까지 똑바로 바르게 쓰기

아래 숫자 선을 따라 천천히 연필로 예쁘게 써 보세요.

6 6 6 6 6 6 6 6 6 6 6

7 7 7 7 7 7 7 7 7 7 7

8 8 8 8 8 8 8 8 8 8 8

9 9 9 9 9 9 9 9 9 9 9

0 0 0 0 0 0 0 0 0 0 0

아라비아 숫자
1~0까지 기울여 바르게 쓰기

 아래 숫자 선을 따라 천천히 연필로 예쁘게 써 보세요.

| 1 | 1 | 1 | 1 | 1 | 1 | 1 | 1 | 1 | 1 |
| 1 | 1 | 1 | 1 | 1 | 1 | 1 | 1 | 1 | 1 |

| 2 | 2 | 2 | 2 | 2 | 2 | 2 | 2 | 2 | 2 |
| 2 | 2 | 2 | 2 | 2 | 2 | 2 | 2 | 2 | 2 |

| 3 | 3 | 3 | 3 | 3 | 3 | 3 | 3 | 3 | 3 |
| 3 | 3 | 3 | 3 | 3 | 3 | 3 | 3 | 3 | 3 |

| 4 | 4 | 4 | 4 | 4 | 4 | 4 | 4 | 4 | 4 |
| 4 | 4 | 4 | 4 | 4 | 4 | 4 | 4 | 4 | 4 |

| 5 | 5 | 5 | 5 | 5 | 5 | 5 | 5 | 5 | 5 |
| 5 | 5 | 5 | 5 | 5 | 5 | 5 | 5 | 5 | 5 |

 아라비아 숫자
1~0까지 기울여 바르게 쓰기

 아래 숫자 선을 따라 천천히 연필로 예쁘게 써 보세요.

6	6	6	6	6	6	6	6	6	6
7	7	7	7	7	7	7	7	7	7
8	8	8	8	8	8	8	8	8	8
9	9	9	9	9	9	9	9	9	9
0	0	0	0	0	0	0	0	0	0

한글의 자음 쓰기 순서 기억하기

[자음쓰기 획순알기]

＊한글 자음은 모두 열네 자로 구성되어 있으며 이름과 쓰기 순서는 다음과 같다.

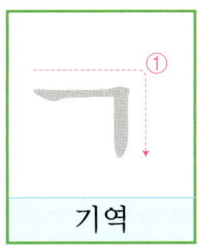
기역

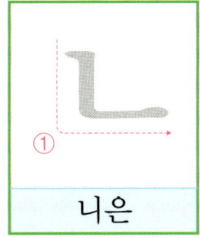
니은

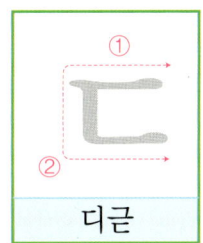
디귿

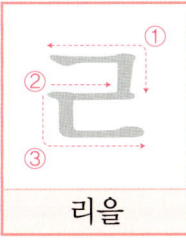
리을

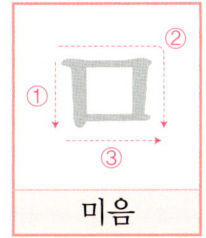
미음

비읍

시옷

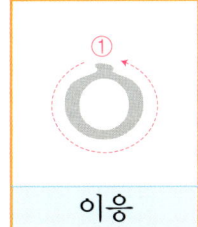
이응

지읒

치읓

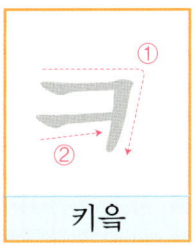
키읔

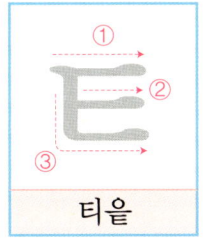
티읕

피읖

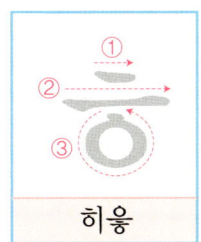
히읗

[사전의 낱말순서 기억하기]

❀ 사전에서 낱말을 찾을 때 자·모음 순서는 아래와 같이 정한다.
- 자음 : ㄱ ㄲ ㄴ ㄷ ㄸ ㄹ ㅁ ㅂ ㅃ ㅅ ㅆ ㅇ ㅈ ㅉ ㅊ ㅋ ㅌ ㅍ ㅎ
- 모음 : ㅏ ㅐ ㅑ ㅒ ㅓ ㅔ ㅕ ㅖ ㅗ ㅘ ㅙ ㅚ ㅛ ㅜ ㅝ ㅞ ㅟ ㅠ ㅡ ㅢ ㅣ

[자음]의 [ㄱ]자
글자 선 따라 쓰기

아래 자음의 선을 따라 연필로 예쁘고 바르게 써 보세요.

1 [자음 ㄱ] 연필로 쓰기 연습 (1일차)

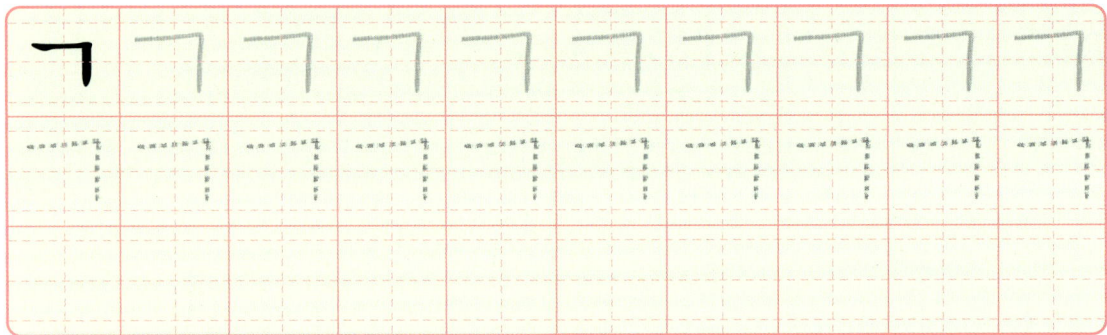

2 [자음 ㄱ] 연필로 쓰기 연습 (2일차)

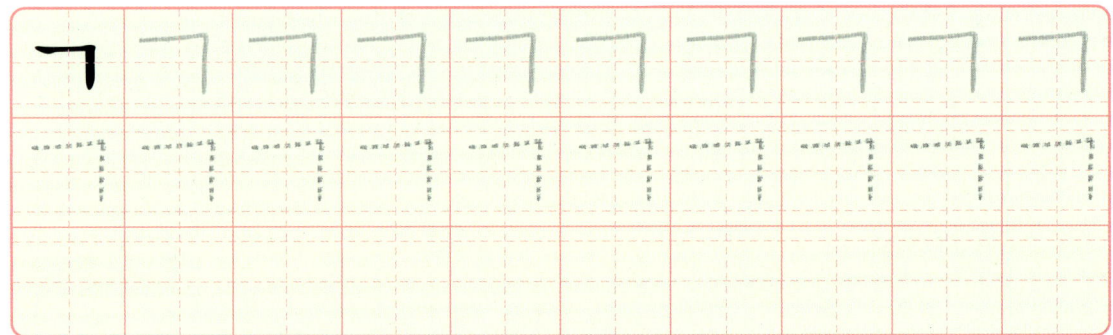

3 [자음 ㄱ] 연필로 쓰기 연습 (3일차)

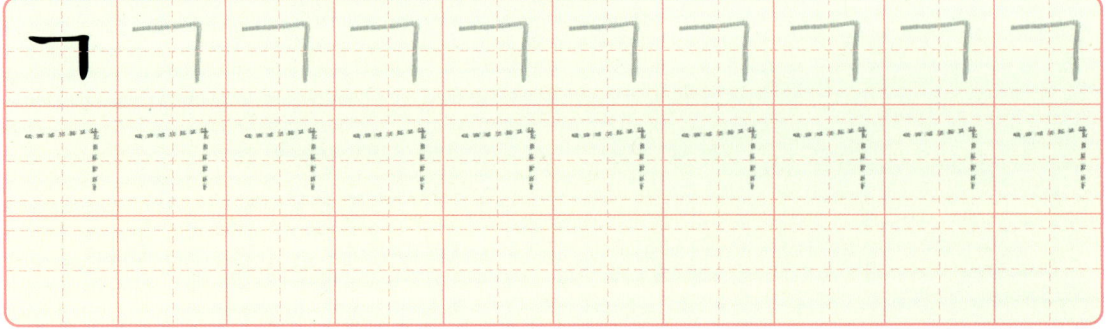

[자음]의 [ㄴ]자 글자 선 따라 쓰기

 아래 자음의 선을 따라 연필로 예쁘고 바르게 써 보세요.

4 [자음 ㄴ] 연필로 쓰기 연습 (1일차)

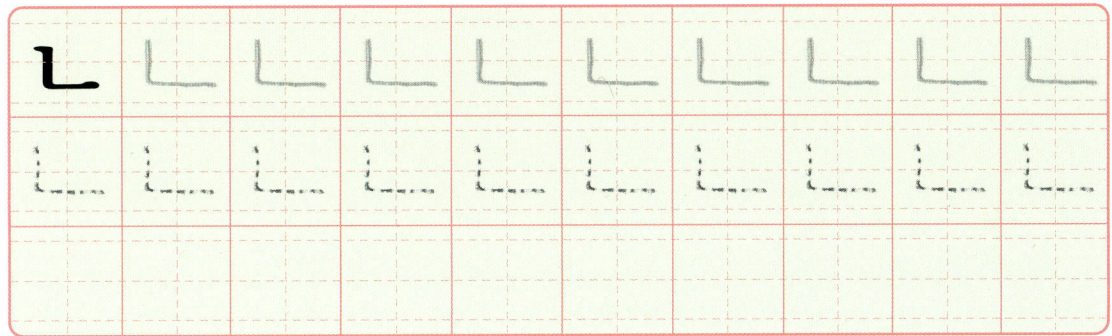

5 [자음 ㄴ] 연필로 쓰기 연습 (2일차)

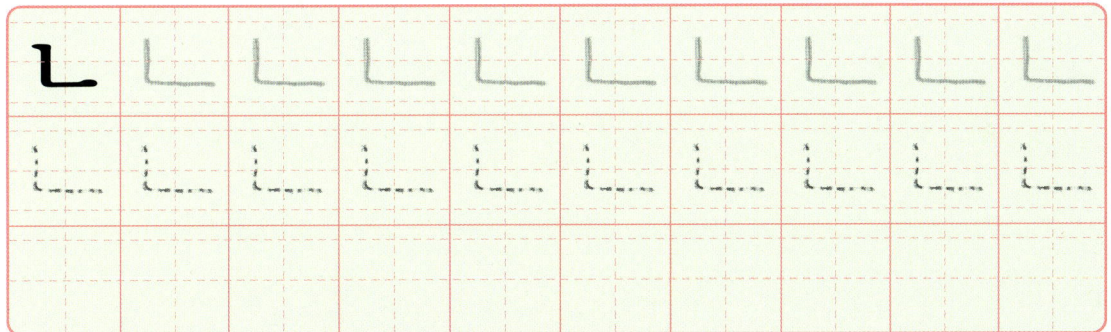

6 [자음 ㄴ] 연필로 쓰기 연습 (3일차)

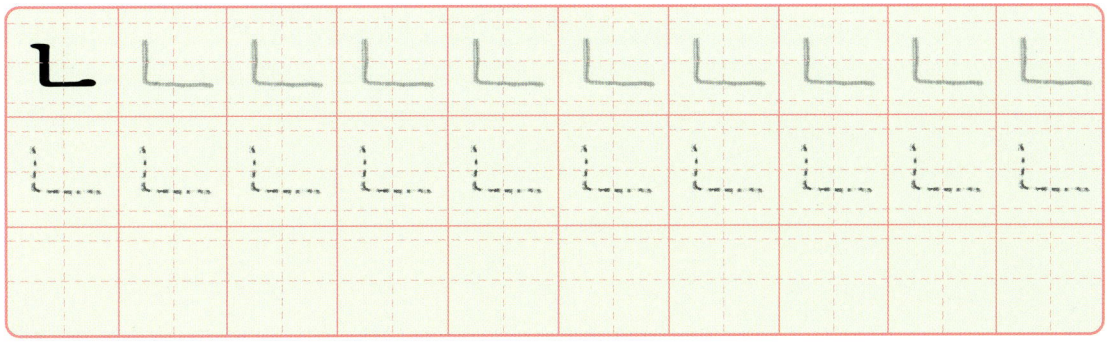

[자음]의 [ㄷ]자 글자 선 따라 쓰기

아래 자음의 선을 따라 연필로 예쁘고 바르게 써 보세요.

7 [자음 ㄷ] 연필로 쓰기 연습 (1일차)

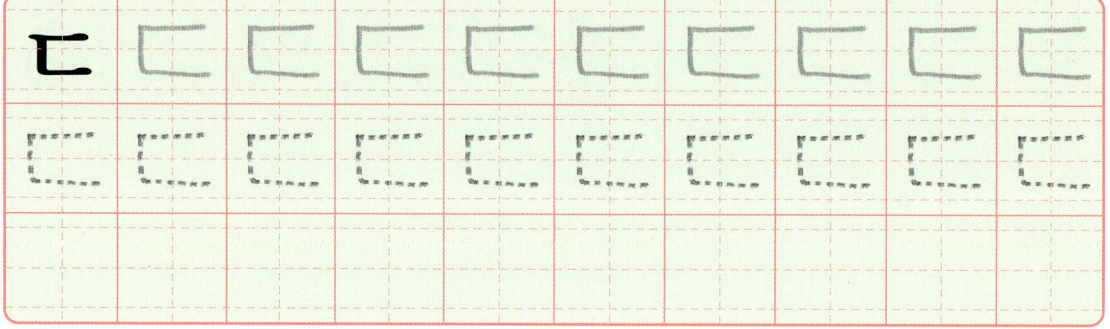

8 [자음 ㄷ] 연필로 쓰기 연습 (2일차)

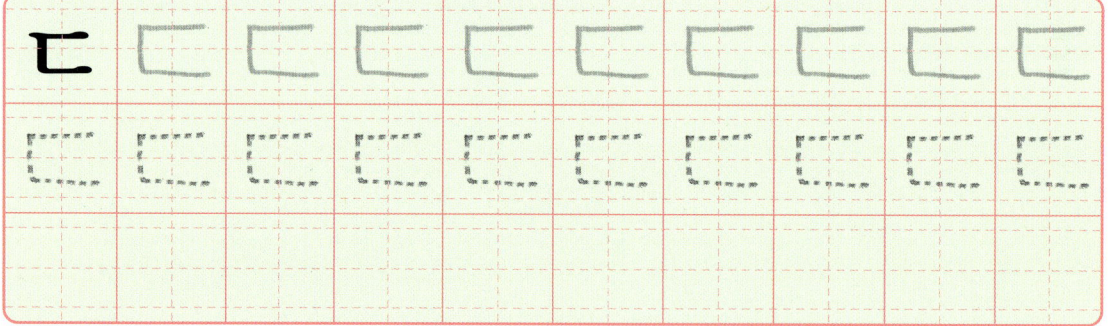

9 [자음 ㄷ] 연필로 쓰기 연습 (3일차)

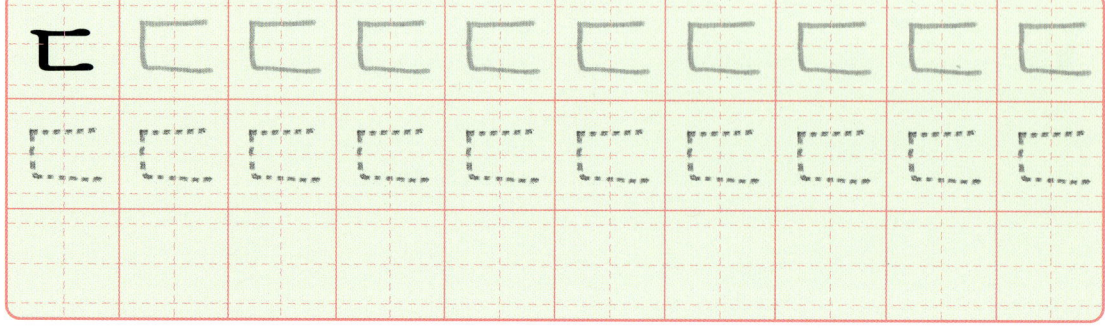

[자음]의 [ㄹ]자
글자 선 따라 쓰기

아래 자음의 선을 따라 연필로 예쁘고 바르게 써 보세요.

⑩ [자음 ㄹ] 연필로 쓰기 연습 (1일차)

⑪ [자음 ㄹ] 연필로 쓰기 연습 (2일차)

⑫ [자음 ㄹ] 연필로 쓰기 연습 (3일차)

[자음]의 [ㅁ]자 글자 선 따라 쓰기 ⑤

아래 자음의 선을 따라 연필로 예쁘고 바르게 써 보세요.

⑬ [자음 ㅁ] 연필로 쓰기 연습 (1일차)

⑭ [자음 ㅁ] 연필로 쓰기 연습 (2일차)

⑮ [자음 ㅁ] 연필로 쓰기 연습 (3일차)

[자음]의 [ㅂ]자 글자 선 따라 쓰기 ⑥

아래 자음의 선을 따라 연필로 예쁘고 바르게 써 보세요.

16 [자음 ㅂ] 연필로 쓰기 연습 (1일차)

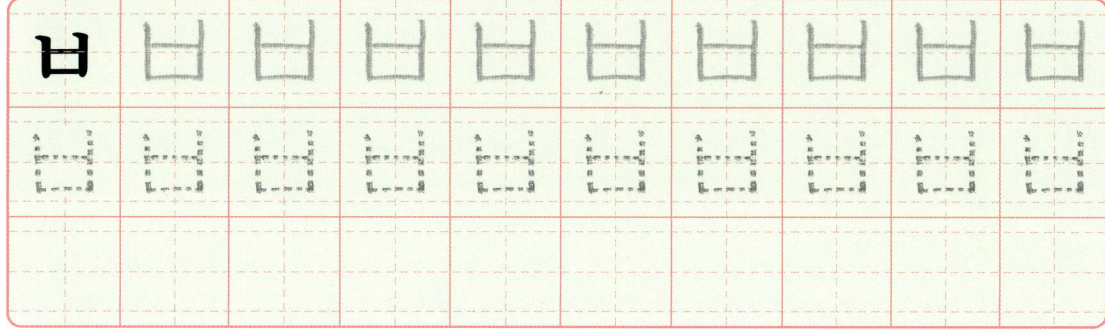

17 [자음 ㅂ] 연필로 쓰기 연습 (2일차)

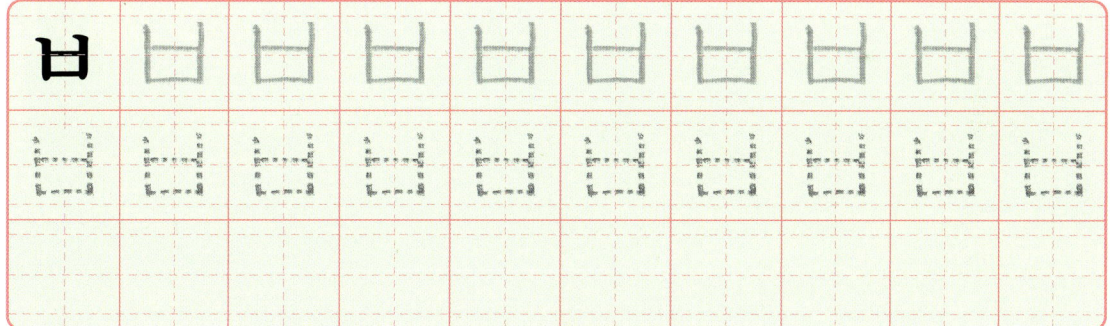

18 [자음 ㅂ] 연필로 쓰기 연습 (3일차)

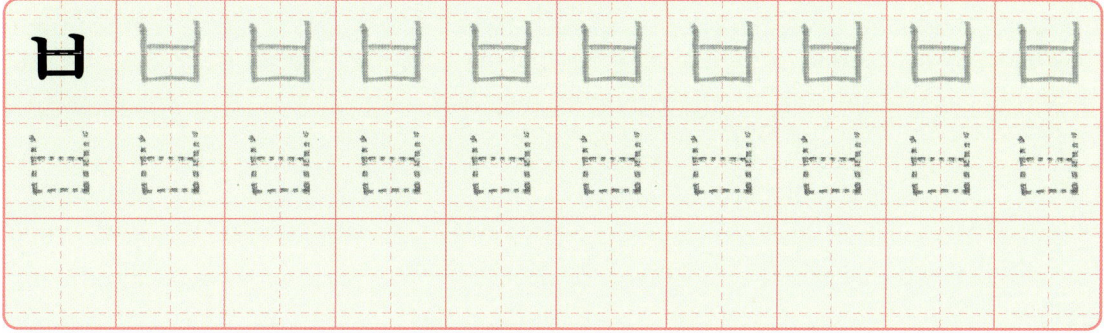

[자음]의 [ㅅ]자 글자 선 따라 쓰기

 아래 자음의 선을 따라 연필로 예쁘고 바르게 써 보세요.

19 [자음 ㅅ] 연필로 쓰기 연습 (1일차)

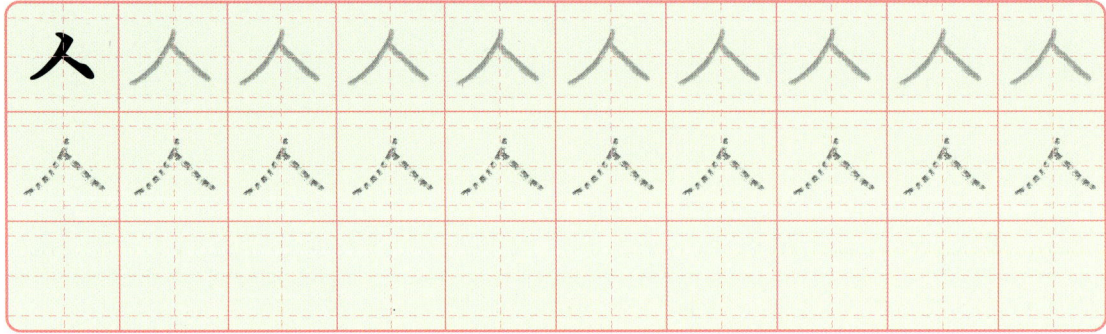

20 [자음 ㅅ] 연필로 쓰기 연습 (2일차)

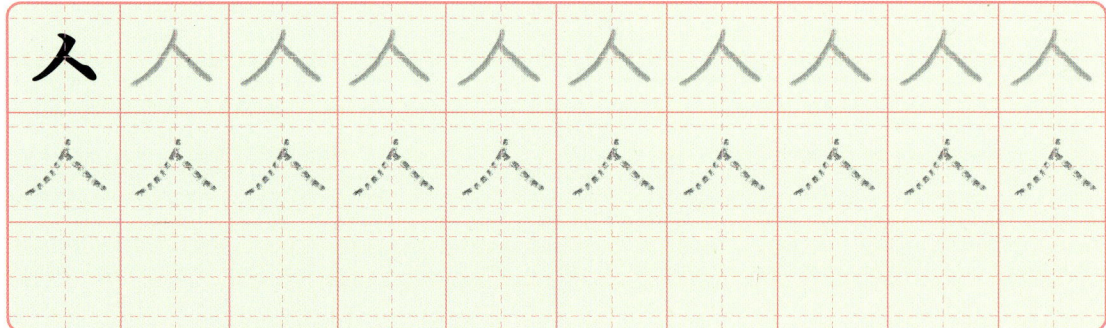

21 [자음 ㅅ] 연필로 쓰기 연습 (3일차)

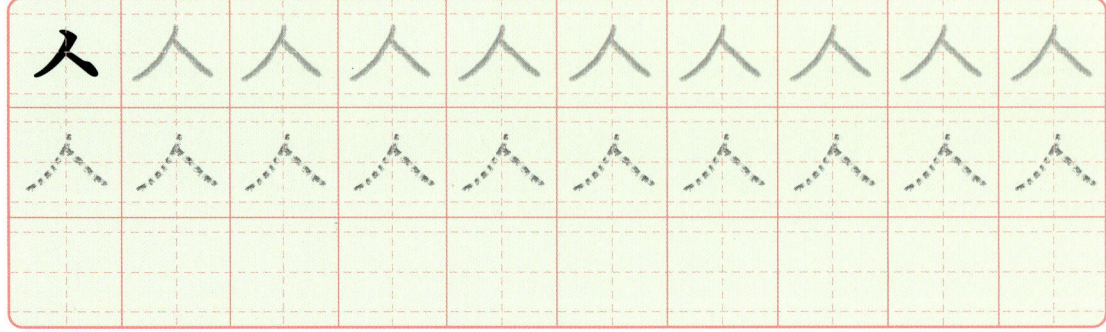

[자음]의 [ㅇ]자 글자 선 따라 쓰기

아래 자음의 선을 따라 연필로 예쁘고 바르게 써 보세요.

22 [자음 ㅇ] 연필로 쓰기 연습 (1일차)

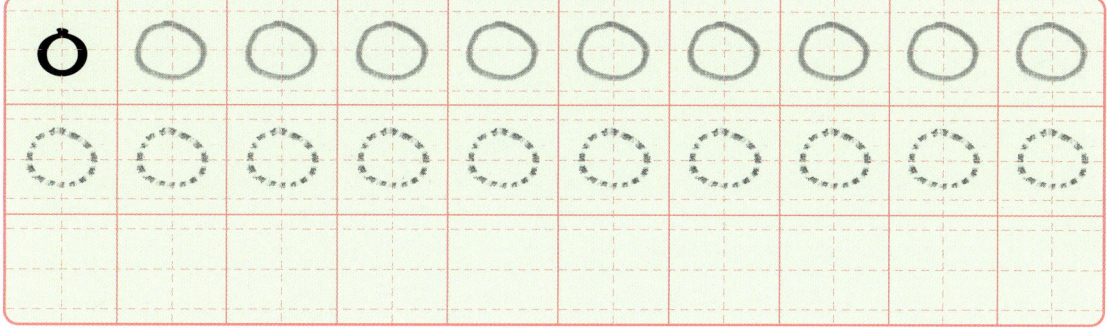

23 [자음 ㅇ] 연필로 쓰기 연습 (2일차)

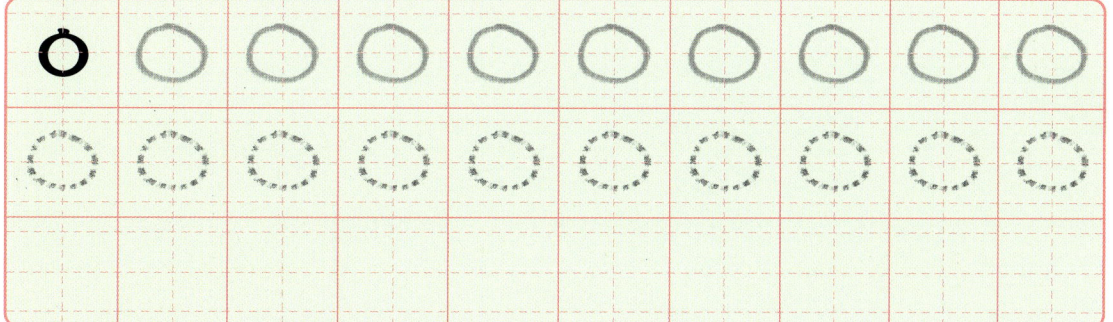

24 [자음 ㅇ] 연필로 쓰기 연습 (3일차)

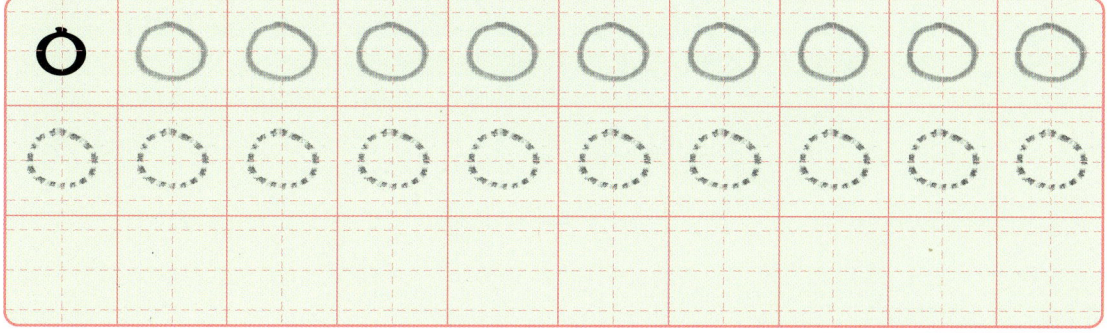

[자음]의 [ㅈ]자 글자 선 따라 쓰기

아래 자음의 선을 따라 연필로 예쁘고 바르게 써 보세요.

25 [자음 ㅈ] 연필로 쓰기 연습 (1일차)

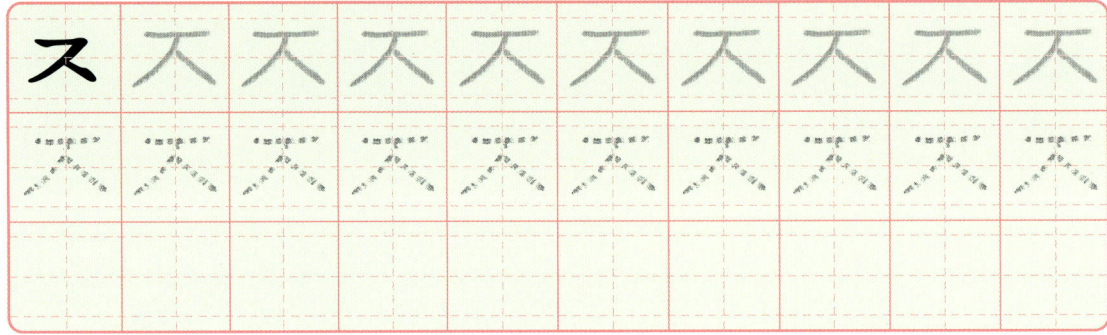

26 [자음 ㅈ] 연필로 쓰기 연습 (2일차)

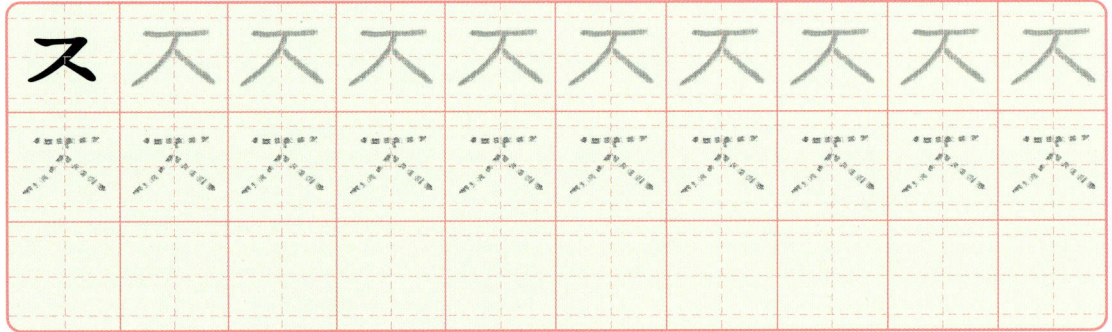

27 [자음 ㅈ] 연필로 쓰기 연습 (3일차)

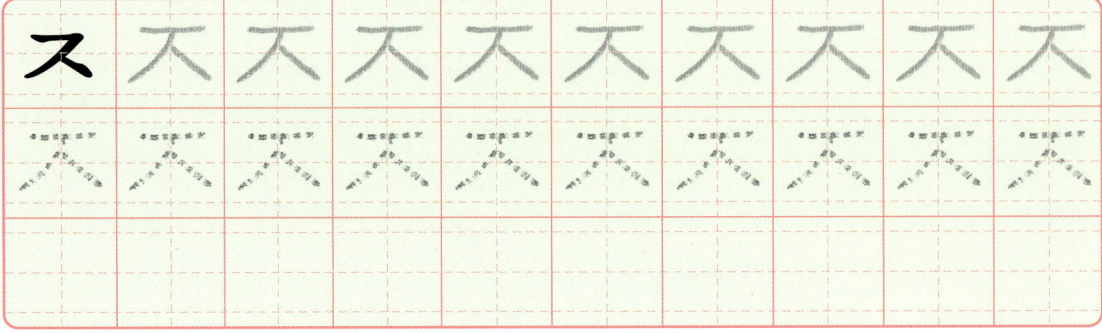

[자음]의 [ㅊ]자
글자 선 따라 쓰기

아래 자음의 선을 따라 연필로 예쁘고 바르게 써 보세요.

28 [자음 ㅊ] 연필로 쓰기 연습 (1일차)

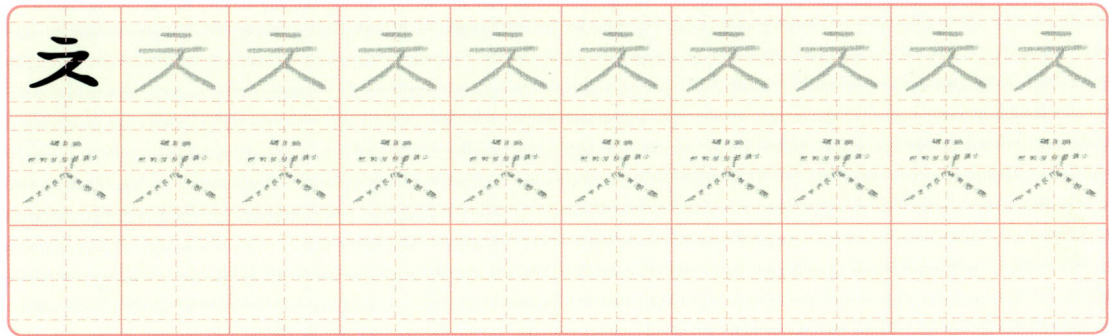

29 [자음 ㅊ] 연필로 쓰기 연습 (2일차)

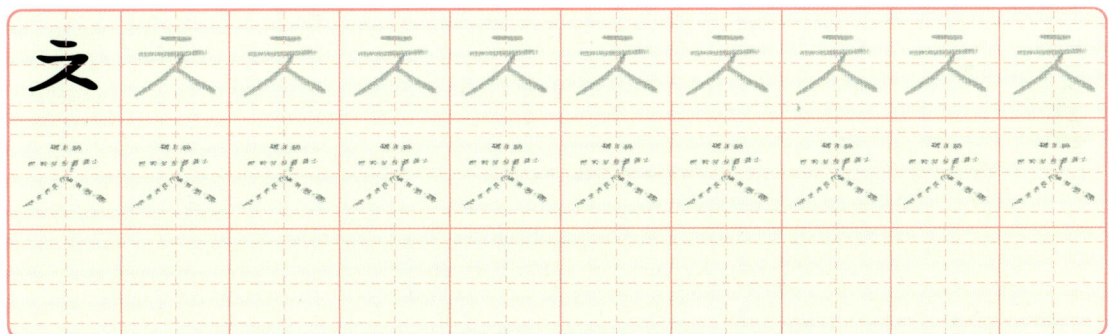

30 [자음 ㅊ] 연필로 쓰기 연습 (3일차)

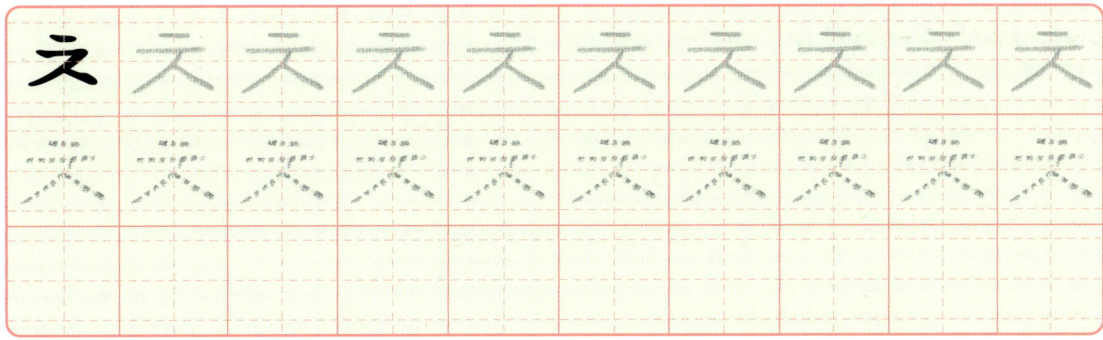

[자음]의 [ㅋ]자
글자 선 따라 쓰기

아래 자음의 선을 따라 연필로 예쁘고 바르게 써 보세요.

31 [자음 ㅋ] 연필로 쓰기 연습 (1일차)

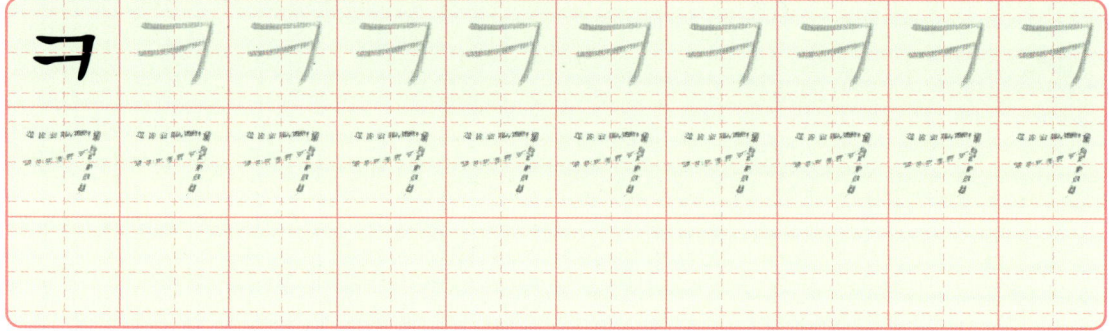

32 [자음 ㅋ] 연필로 쓰기 연습 (2일차)

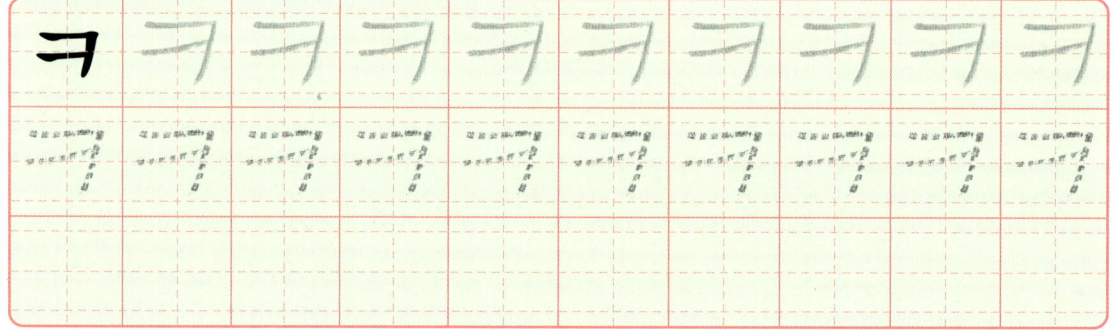

33 [자음 ㅋ] 연필로 쓰기 연습 (3일차)

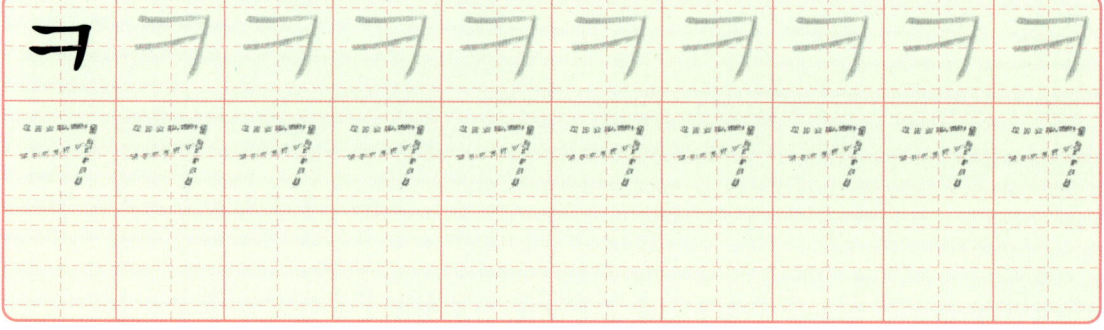

[자음]의 [ㅌ]자 글자 선 따라 쓰기

아래 자음의 선을 따라 연필로 예쁘고 바르게 써 보세요.

34 [자음 ㅌ] 연필로 쓰기 연습 (1일차)

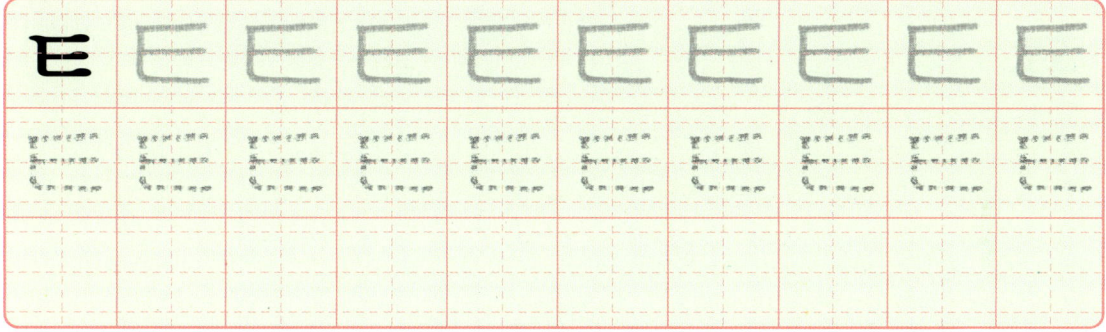

35 [자음 ㅌ] 연필로 쓰기 연습 (2일차)

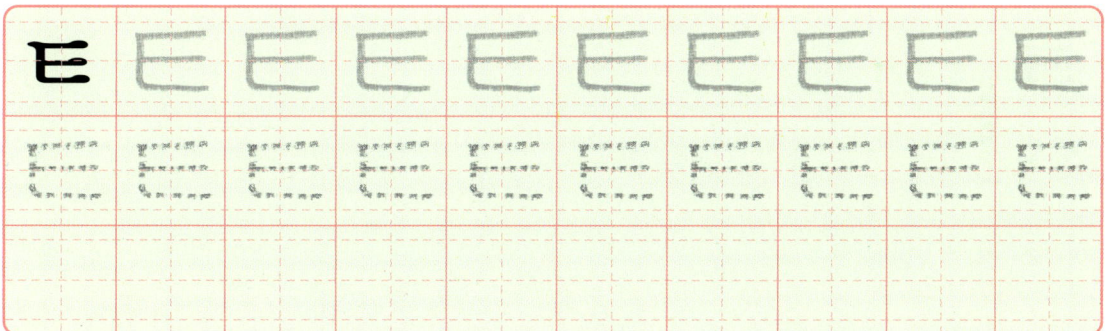

36 [자음 ㅌ] 연필로 쓰기 연습 (3일차)

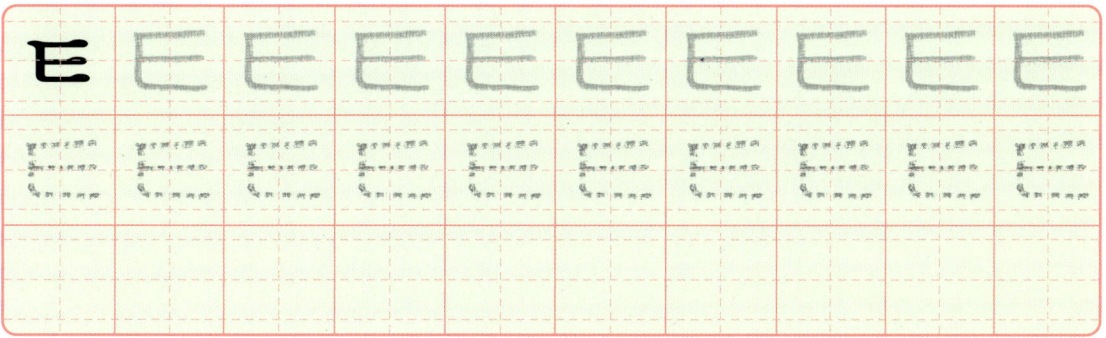

[자음]의 [ㅍ]자 글자 선 따라 쓰기

아래 자음의 선을 따라 연필로 예쁘고 바르게 써 보세요.

37 [자음 ㅍ] 연필로 쓰기 연습 (1일차)

38 [자음 ㅍ] 연필로 쓰기 연습 (2일차)

39 [자음 ㅍ] 연필로 쓰기 연습 (3일차)

[자음]의 [ㅎ]자 글자 선 따라 쓰기

아래 자음의 선을 따라 연필로 예쁘고 바르게 써 보세요.

40 [자음 ㅎ] 연필로 쓰기 연습 (1일차)

41 [자음 ㅎ] 연필로 쓰기 연습 (2일차)

42 [자음 ㅎ] 연필로 쓰기 연습 (3일차)

그림 감상하고 동시 쓰기

아래 그림을 감상하면서 오른쪽의 동시를 예쁘게 써 보세요.

비

 낱말쓰기 끝내고 동시 예쁘게 따라 쓰기

비

비 오는 날이면 재미있어요.
비 오는 날이면 재미있어요.

노란 장화 예쁜 우산 걸쳐 들고서
노란 장화 예쁜 우산 걸쳐 들고서

철퍽철퍽 흙탕물 튀겨가면서
철퍽철퍽 흙탕물 튀겨가면서

풀잎 사이 친구들 만나러 가요.
풀잎 사이 친구들 만나러 가요.

한글 [자음] 열아홉 자 알아보기

♥ 연필을 바르게 잡고 글자의 흐린 점선을 따라 획순대로 예쁘게 써 보세요.

[기역] [니은] [디귿]
[리을] [미음] [비읍] [시옷]
[이응] [지읒] [치읓] [키읔]
[티읕] [피읖] [히읗] [쌍기역]
[쌍디귿] [쌍비읍] [쌍시옷] [쌍지읒]

한글 자음 글자 선 따라 쓰기

아래 자음의 글자 선을 따라 천천히 연필로 써 보세요.

① **[기역 고]** 연필로 천천히 예쁘게 쓰기 연습

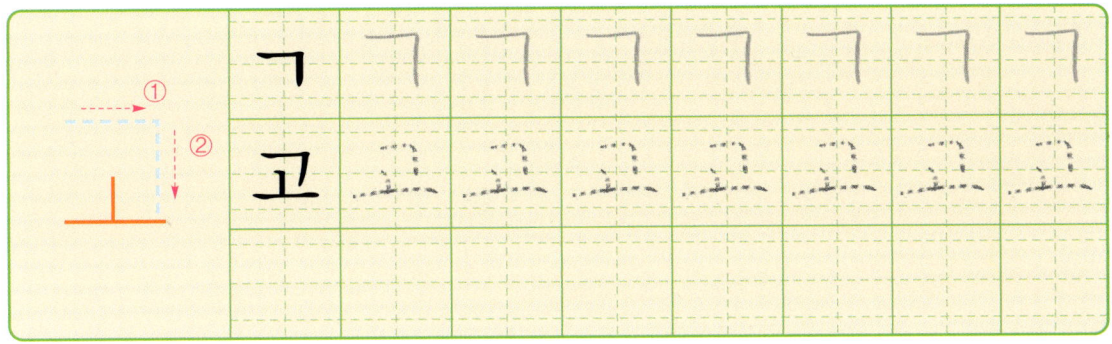

② **[니은 노]** 연필로 천천히 예쁘게 쓰기 연습

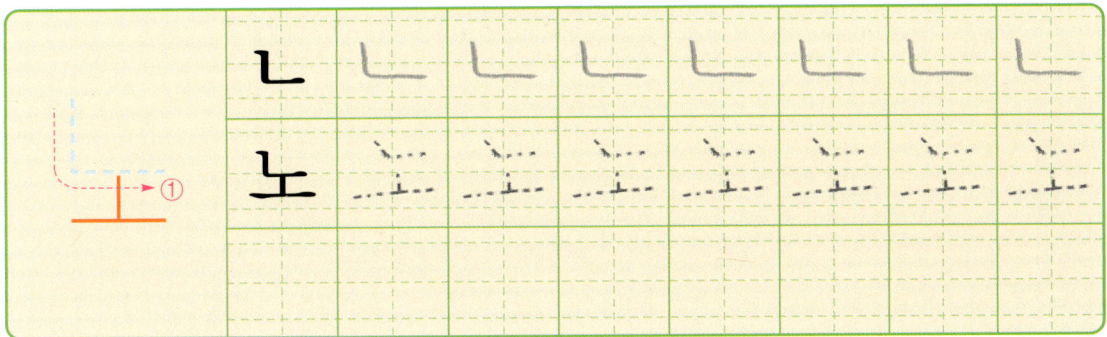

③ **[디귿 도]** 연필로 천천히 예쁘게 쓰기 연습

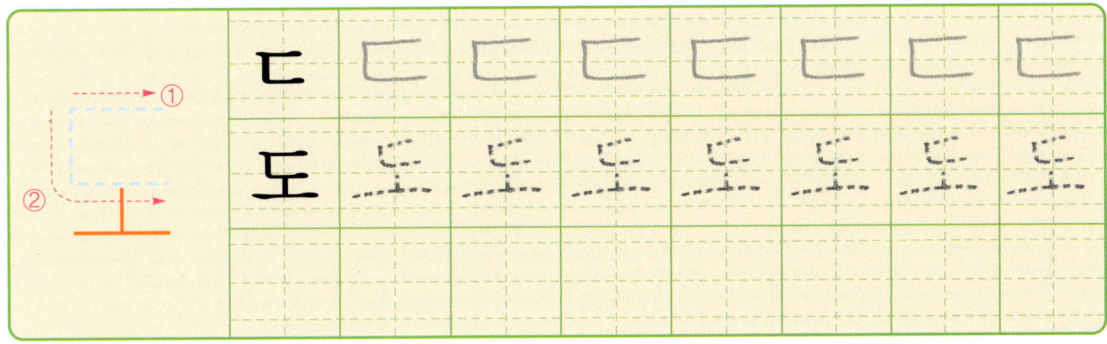

한글 자음 글자 선 따라 쓰기 ②

아래 자음의 글자 선을 따라 천천히 연필로 써 보세요.

4 [리을 로] 연필로 천천히 예쁘게 쓰기 연습

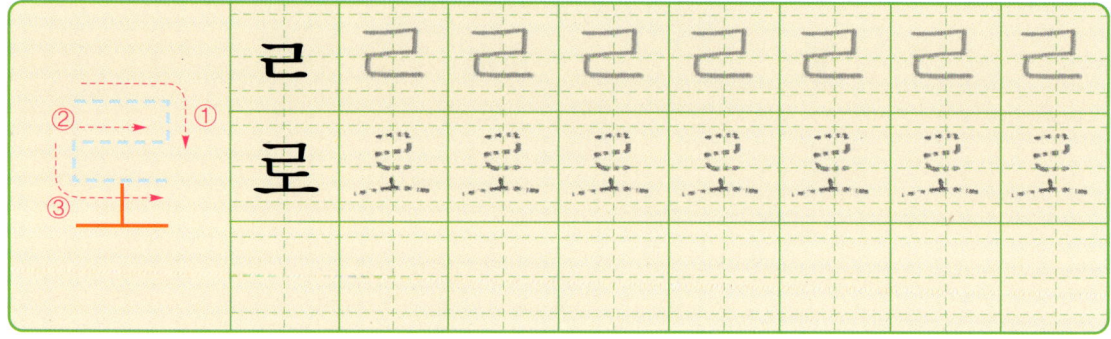

5 [미음 모] 연필로 천천히 예쁘게 쓰기 연습

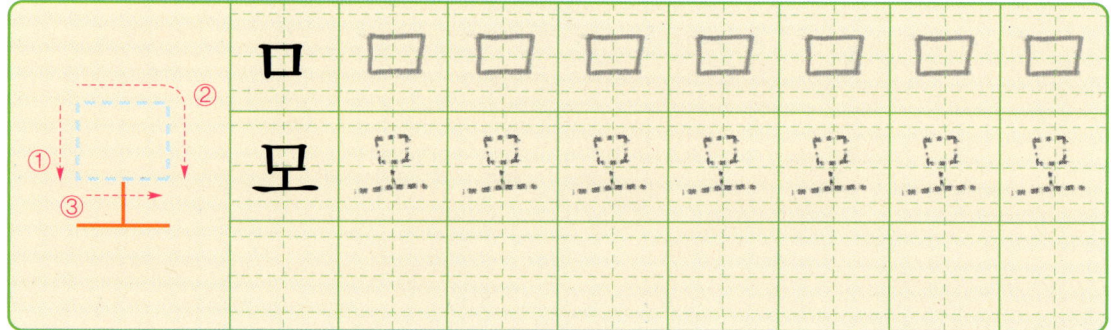

6 [비읍 보] 연필로 천천히 예쁘게 쓰기 연습

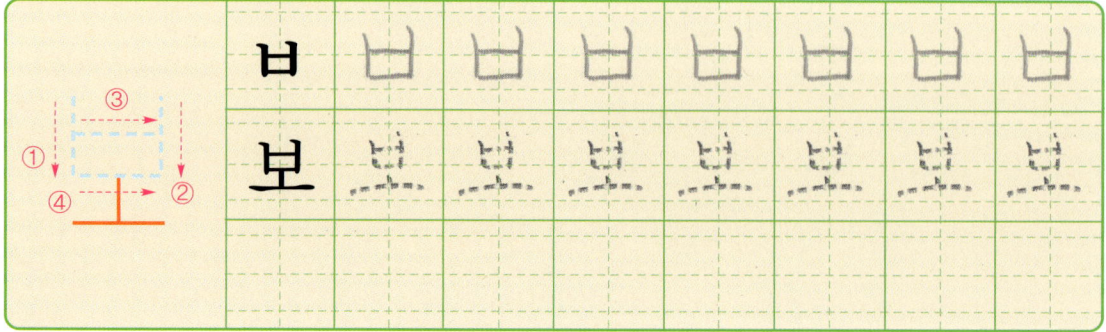

한글 자음 글자 선 따라 쓰기

아래 자음의 글자 선을 따라 천천히 연필로 써 보세요.

7 [시옷 소] 연필로 천천히 예쁘게 쓰기 연습

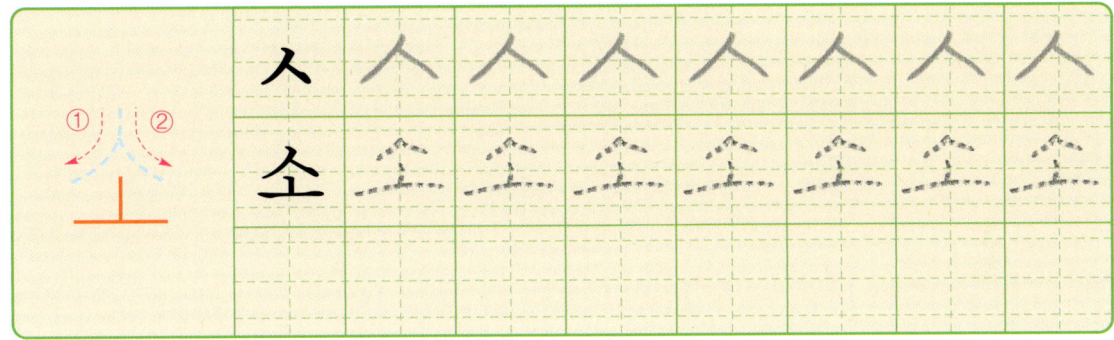

8 [이응 오] 연필로 천천히 예쁘게 쓰기 연습

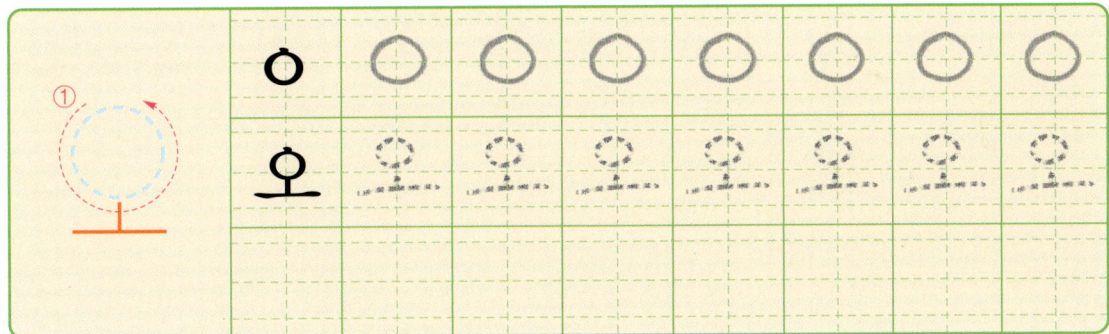

9 [지읒 조] 연필로 천천히 예쁘게 쓰기 연습

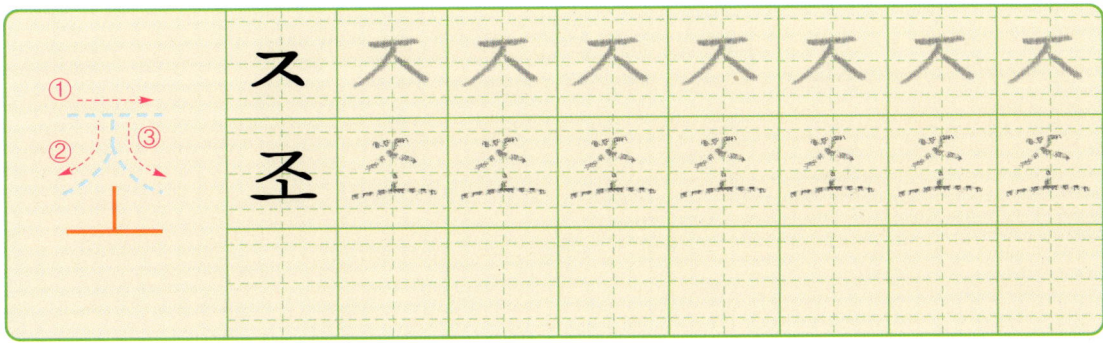

한글 자음 글자 선 따라 쓰기

아래 자음의 글자 선을 따라 천천히 연필로 써 보세요.

10 [치읓 초] 연필로 천천히 예쁘게 쓰기 연습

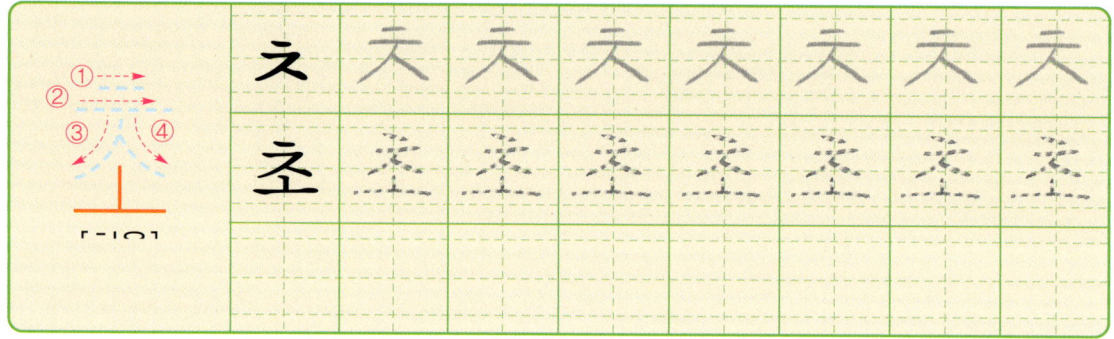

11 [키읔 코] 연필로 천천히 예쁘게 쓰기 연습

12 [티읕 토] 연필로 천천히 예쁘게 쓰기 연습

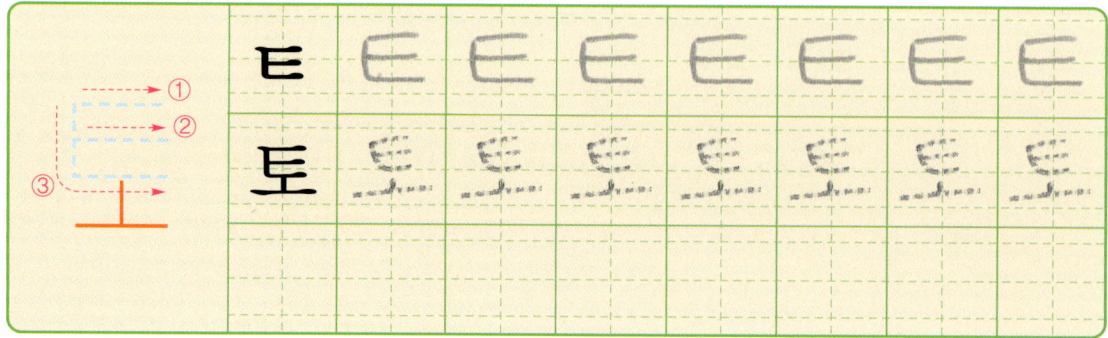

한글 자음 글자 선 따라 쓰기

아래 자음의 글자 선을 따라 천천히 연필로 써 보세요.

13 [피읖 포] 연필로 천천히 예쁘게 쓰기 연습

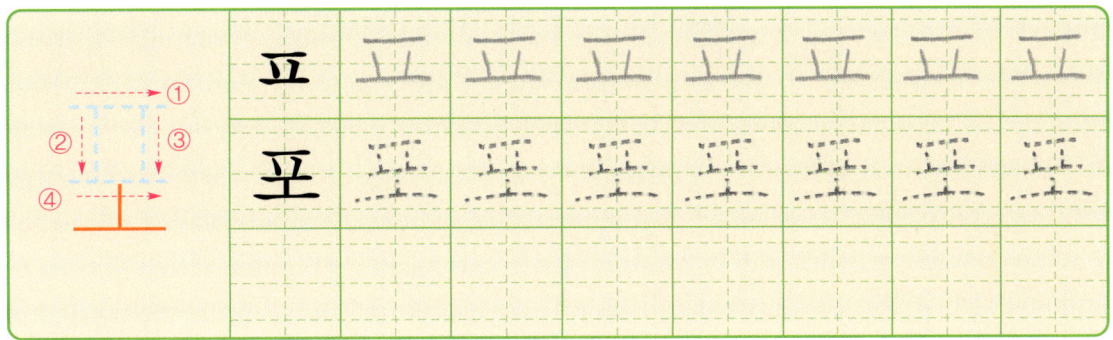

14 [히읗 호] 연필로 천천히 예쁘게 쓰기 연습

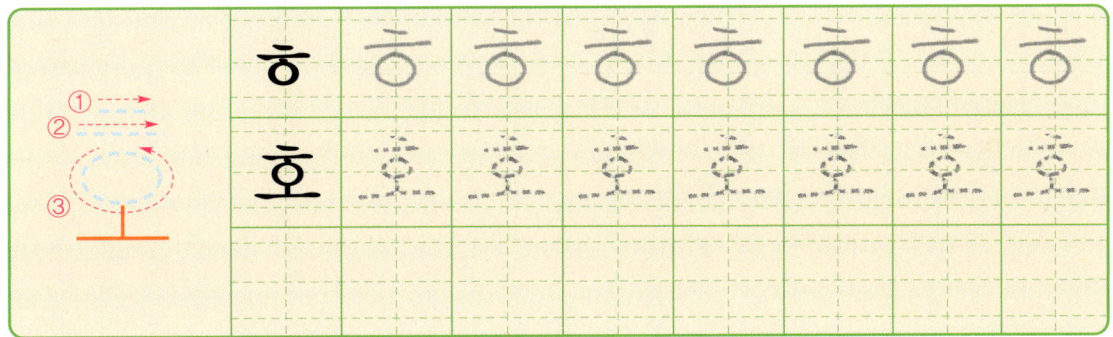

15 [히읗 후, 하] 연필로 천천히 예쁘게 쓰기 연습

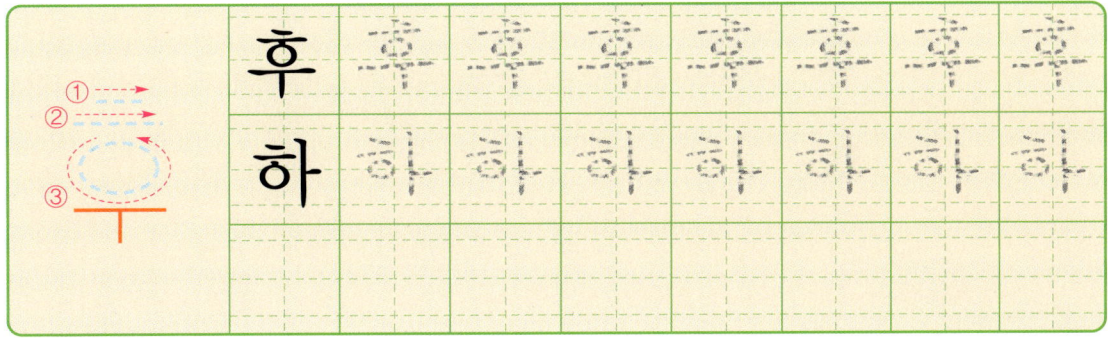

한글 쌍자음 글자 선 따라 쓰기

아래 쌍자음의 글자 선을 따라 천천히 연필로 써 보세요.

16 [쌍기역 꼬] 연필로 천천히 예쁘게 쓰기 연습

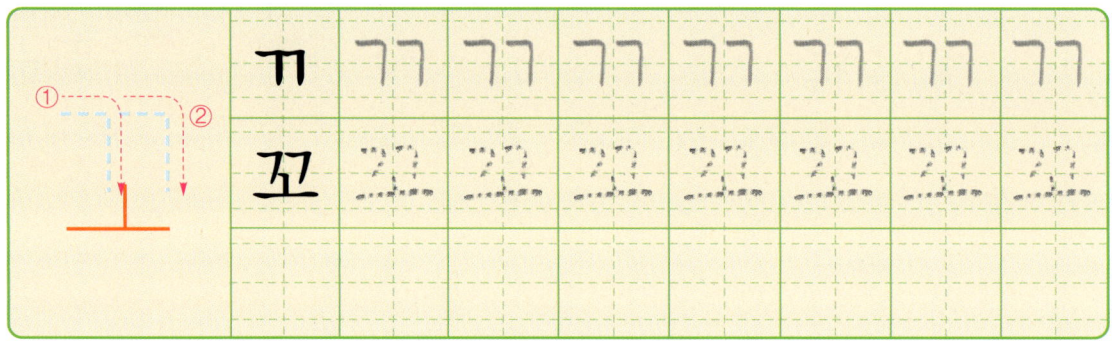

17 [쌍디귿 또] 연필로 천천히 예쁘게 쓰기 연습

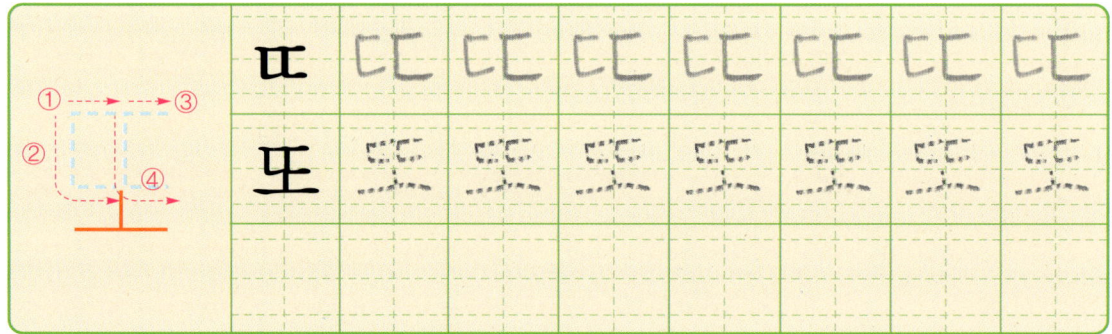

18 [쌍디귿 따] 연필로 천천히 예쁘게 쓰기 연습

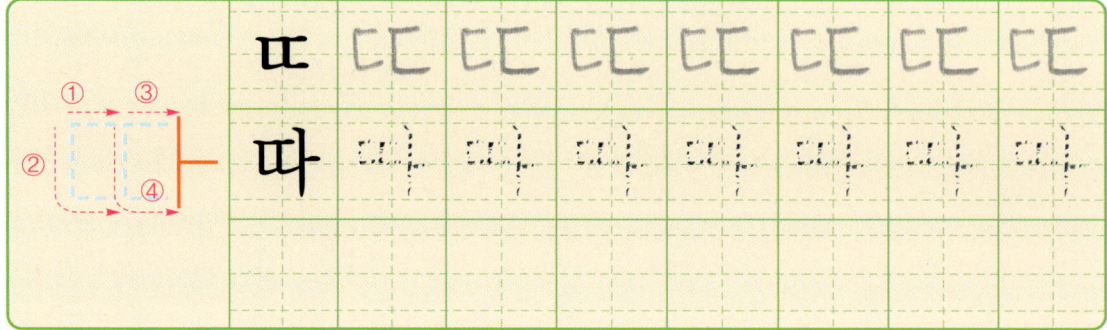

한글 쌍자음 글자 선 따라 쓰기

아래 쌍자음의 글자 선을 따라 천천히 연필로 써 보세요.

19 [쌍비읍 뽀] 연필로 천천히 예쁘게 쓰기 연습

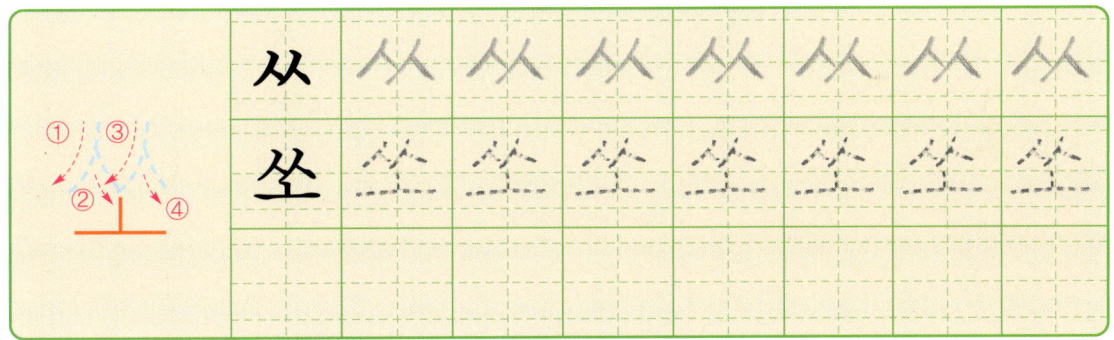

20 [쌍시옷 쏘] 연필로 천천히 예쁘게 쓰기 연습

21 [쌍지읒 쪼] 연필로 천천히 예쁘게 쓰기 연습

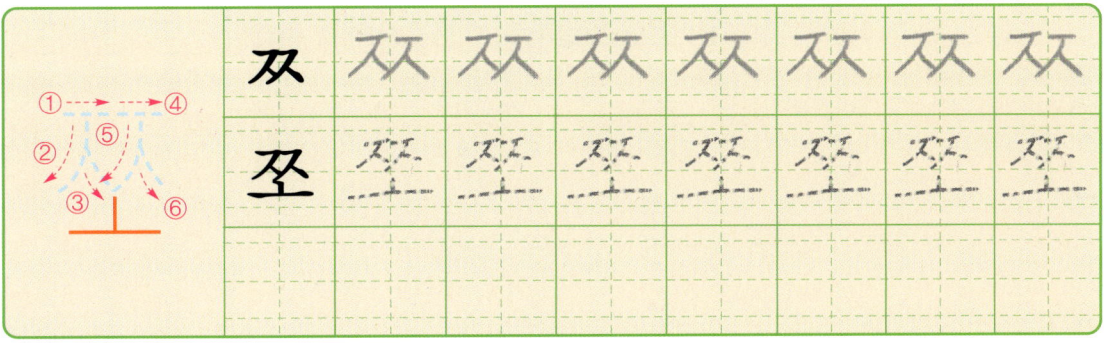

🎳 한글의 모음 쓰기 순서 기억하기

[모음쓰기 획순알기]

한글 모음은 기본 열 자로 되어 있으며 이름과 쓰기 순서는 다음과 같다.

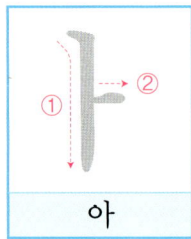 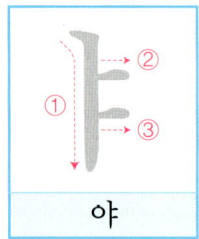 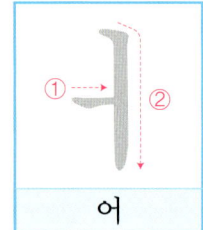

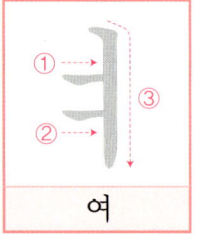 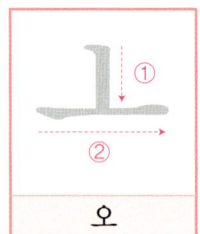 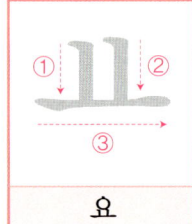 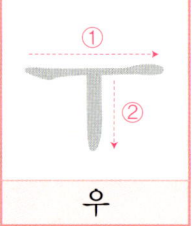

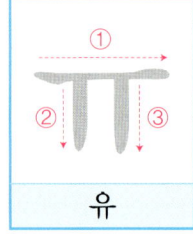 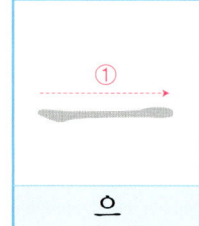 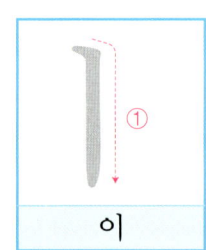

[자·모음 이름 기억하기]

❀ 다음은 두 개 이상의 자모가 어울어진 글자로, 이름은 아래와 같다.

ㄲ[쌍기역]	ㄸ[쌍디귿]	ㅃ[쌍비읍]	ㅆ[쌍시옷]	ㅉ[쌍지읒]
ㅐ[애]	ㅒ[얘]	ㅔ[에]	ㅖ[예]	ㅘ[와] ㅙ[왜]
ㅚ[외]	ㅝ[워]	ㅞ[웨]	ㅟ[위]	ㅢ[의]

[모음]의 [ㅏ]자 글자 선 따라 쓰기

아래 모음의 선을 따라 연필로 예쁘고 바르게 써 보세요.

1 [모음 ㅏ] 연필로 쓰기 연습 (1일 차)

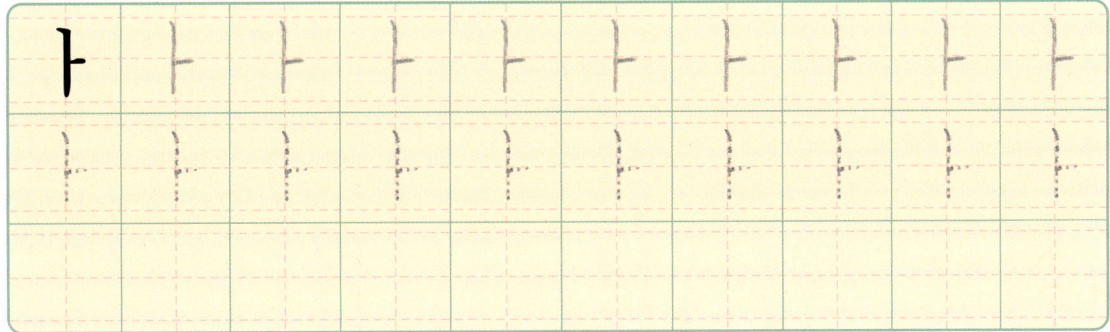

2 [모음 ㅏ] 연필로 쓰기 연습 (2일 차)

3 [모음 ㅏ] 연필로 쓰기 연습 (3일 차)

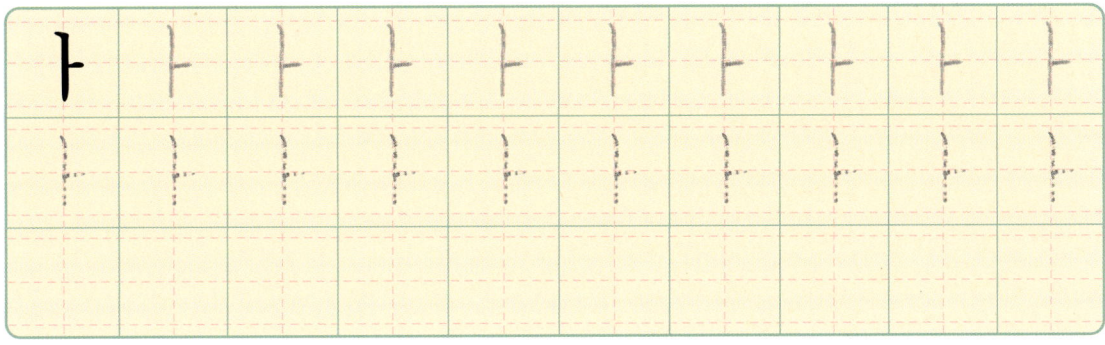

[모음]의 [ㅑ]자 글자 선 따라 쓰기

아래 모음의 선을 따라 연필로 예쁘고 바르게 써 보세요.

4 [모음 ㅑ] 연필로 쓰기 연습 (1일 차)

5 [모음 ㅑ] 연필로 쓰기 연습 (2일 차)

6 [모음 ㅑ] 연필로 쓰기 연습 (3일 차)

[모음]의 [ㅓ]자 글자 선 따라 쓰기

아래 모음의 선을 따라 연필로 예쁘고 바르게 써 보세요.

7 [모음 ㅓ] 연필로 쓰기 연습 (1일 차)

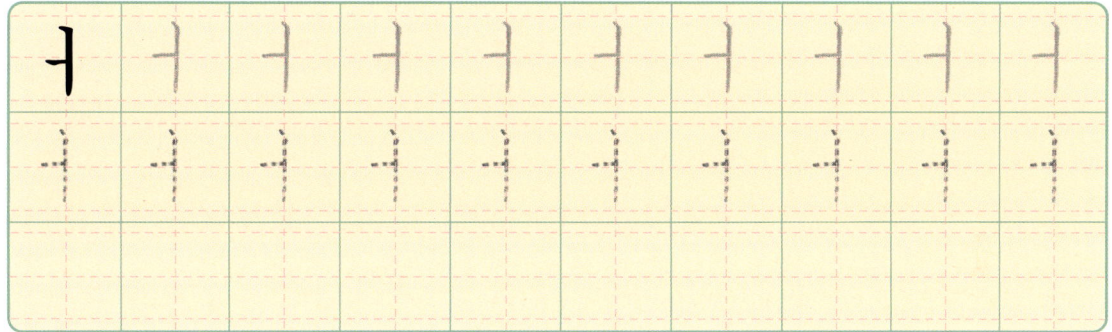

8 [모음 ㅓ] 연필로 쓰기 연습 (2일 차)

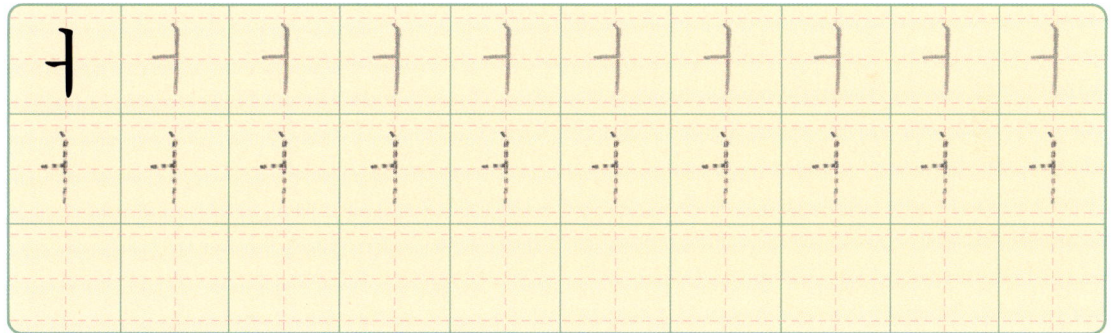

9 [모음 ㅓ] 연필로 쓰기 연습 (3일 차)

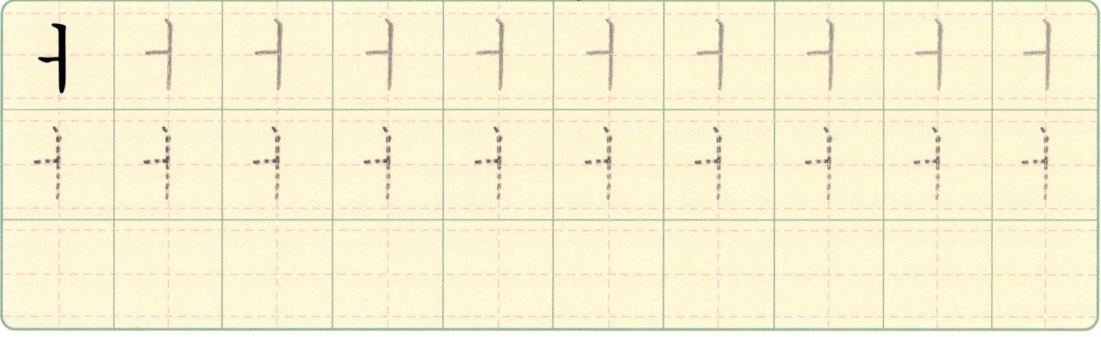

[모음]의 [ㅕ]자
글자 선 따라 쓰기

아래 모음의 선을 따라 연필로 예쁘고 바르게 써 보세요.

10 [모음 ㅕ] 연필로 쓰기 연습 (1일 차)

11 [모음 ㅕ] 연필로 쓰기 연습 (2일 차)

12 [모음 ㅕ] 연필로 쓰기 연습 (3일 차)

[모음]의 [ㅗ]자 글자 선 따라 쓰기

 아래 모음의 선을 따라 연필로 예쁘고 바르게 써 보세요.

13 [모음 ㅗ] 연필로 쓰기 연습 (1일 차)

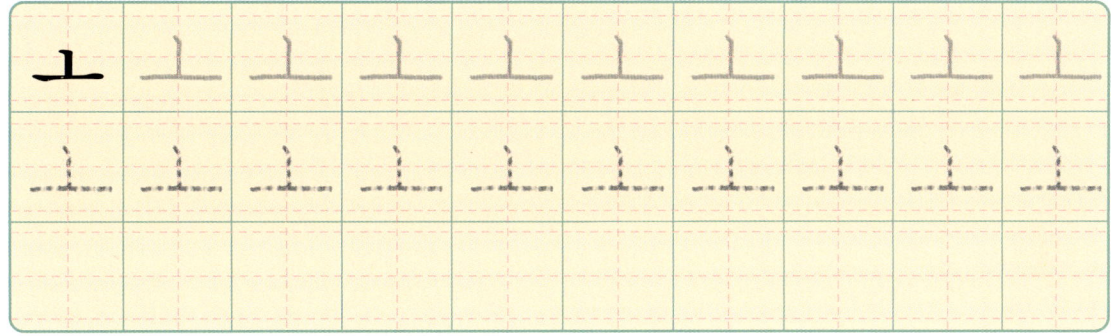

14 [모음 ㅗ] 연필로 쓰기 연습 (2일 차)

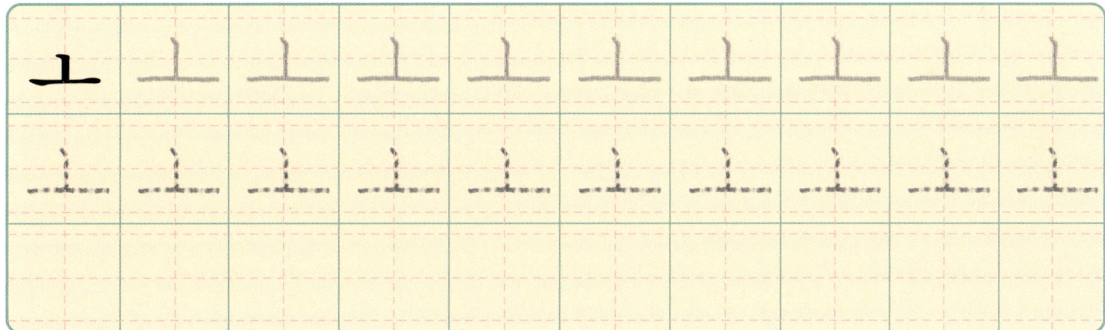

15 [모음 ㅗ] 연필로 쓰기 연습 (3일 차)

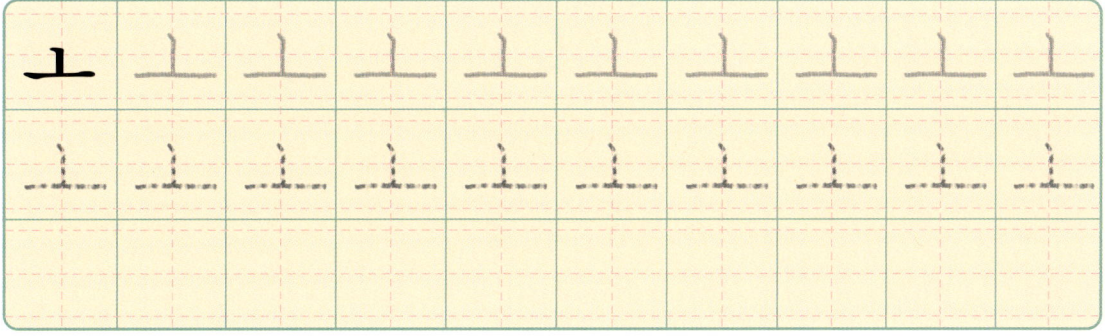

[모음]의 [ㅛ]자 글자 선 따라 쓰기

아래 모음의 선을 따라 연필로 예쁘고 바르게 써 보세요.

16 [모음 ㅛ] 연필로 쓰기 연습 (1일 차)

17 [모음 ㅛ] 연필로 쓰기 연습 (2일 차)

18 [모음 ㅛ] 연필로 쓰기 연습 (3일 차)

[모음]의 [ㅜ]자 글자 선 따라 쓰기

아래 모음의 선을 따라 연필로 예쁘고 바르게 써 보세요.

19 [모음 ㅜ] 연필로 쓰기 연습 (1일 차)

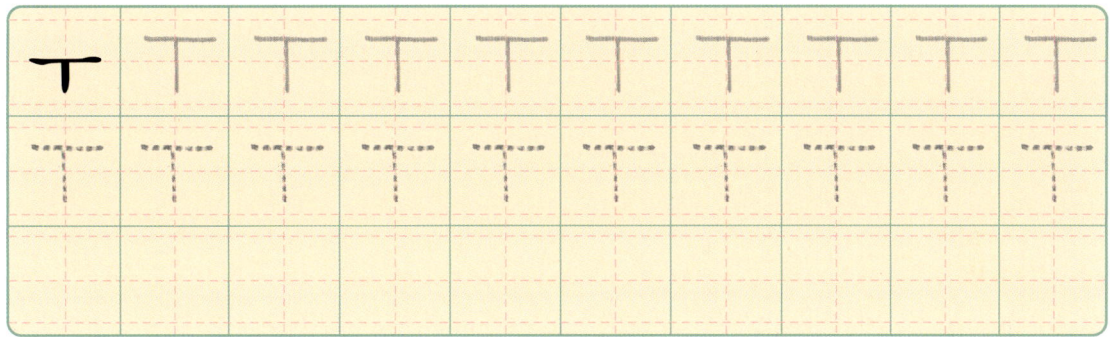

20 [모음 ㅜ] 연필로 쓰기 연습 (2일 차)

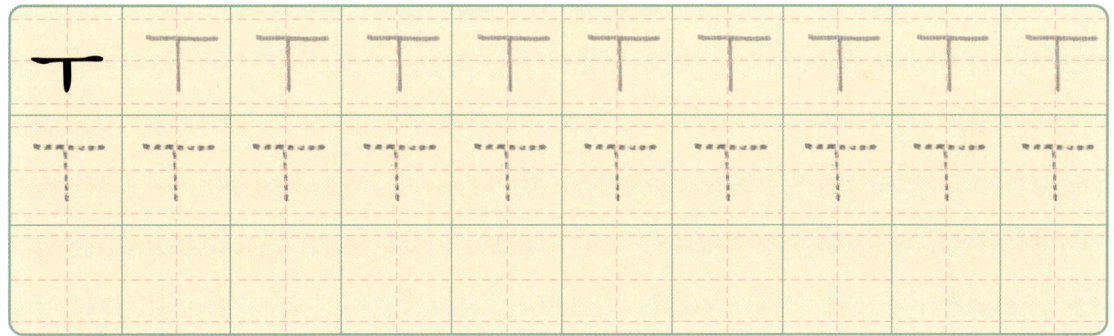

21 [모음 ㅜ] 연필로 쓰기 연습 (3일 차)

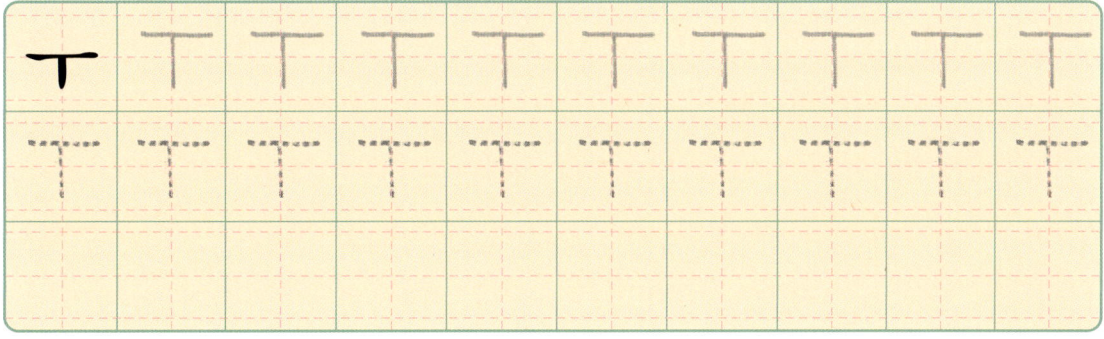

[모음]의 [ㅠ]자 글자 선 따라 쓰기 8

아래 모음의 선을 따라 연필로 예쁘고 바르게 써 보세요.

22 [모음 ㅠ] 연필로 쓰기 연습 (1일 차)

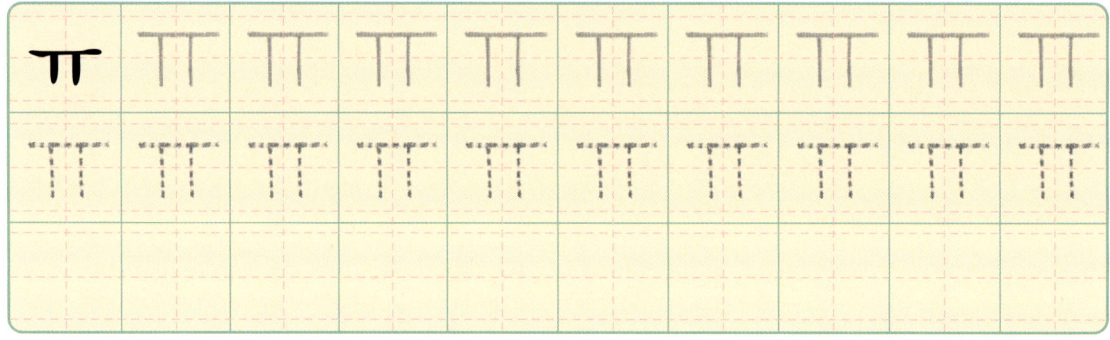

23 [모음 ㅠ] 연필로 쓰기 연습 (2일 차)

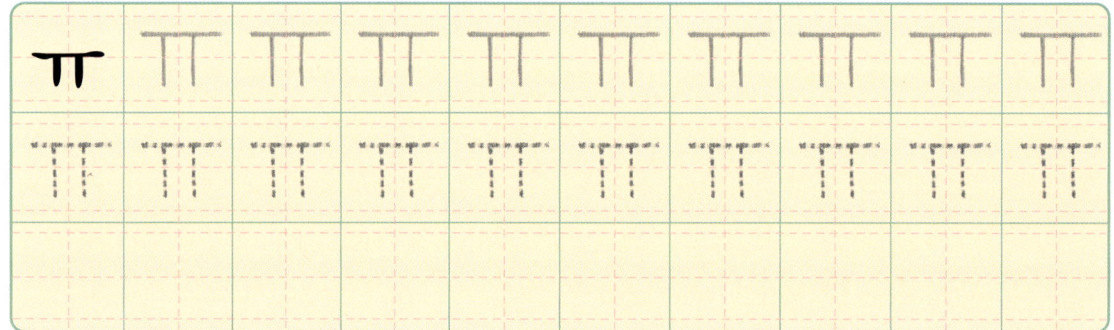

24 [모음 ㅠ] 연필로 쓰기 연습 (3일 차)

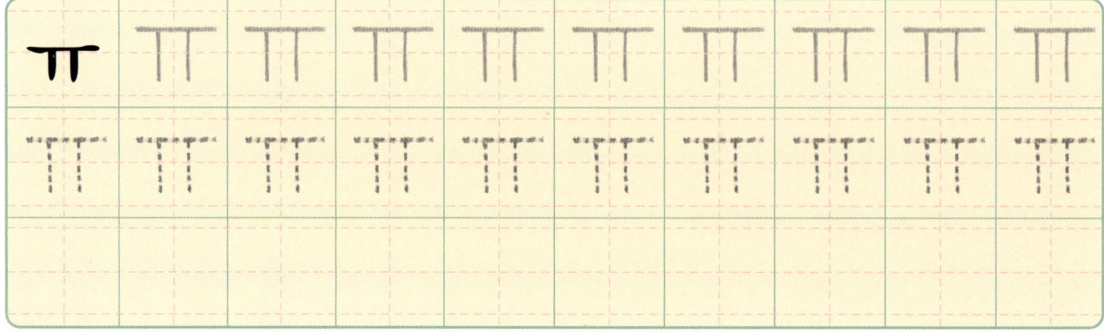

[모음]의 [ㅐ]자 글자 선 따라 쓰기 ⑨

아래 모음의 선을 따라 연필로 예쁘고 바르게 써 보세요.

25 [모음 ㅐ] 연필로 쓰기 연습 (1일 차)

26 [모음 ㅐ] 연필로 쓰기 연습 (2일 차)

27 [모음 ㅐ] 연필로 쓰기 연습 (3일 차)

[모음]의 [ㅐ]자 글자 선 따라 쓰기 10

아래 모음의 선을 따라 연필로 예쁘고 바르게 써 보세요.

28 [모음 ㅐ] 연필로 쓰기 연습 (1일 차)

29 [모음 ㅐ] 연필로 쓰기 연습 (2일 차)

30 [모음 ㅐ] 연필로 쓰기 연습 (3일 차)

[모음]의 [ㅔ]자 글자 선 따라 쓰기

아래 모음의 선을 따라 연필로 예쁘고 바르게 써 보세요.

31 [모음 ㅔ] 연필로 쓰기 연습 (1일 차)

32 [모음 ㅔ] 연필로 쓰기 연습 (2일 차)

33 [모음 ㅔ] 연필로 쓰기 연습 (3일 차)

[모음]의 [ㅖ]자
글자 선 따라 쓰기

아래 모음의 선을 따라 연필로 예쁘고 바르게 써 보세요.

34 [모음 ㅖ] 연필로 쓰기 연습 (1일 차)

35 [모음 ㅖ] 연필로 쓰기 연습 (2일 차)

36 [모음 ㅖ] 연필로 쓰기 연습 (3일 차)

[모음]의 [과]자 글자 선 따라 쓰기

아래 모음의 선을 따라 연필로 예쁘고 바르게 써 보세요.

37 [모음 과] 연필로 쓰기 연습 (1일 차)

38 [모음 과] 연필로 쓰기 연습 (2일 차)

39 [모음 과] 연필로 쓰기 연습 (3일 차)

[모음]의 [ㅙ]자 글자 선 따라 쓰기

아래 모음의 선을 따라 연필로 예쁘고 바르게 써 보세요.

40 [모음 ㅙ] 연필로 쓰기 연습 (1일 차)

41 [모음 ㅙ] 연필로 쓰기 연습 (2일 차)

42 [모음 ㅙ] 연필로 쓰기 연습 (3일 차)

[모음]의 [ㅢ]자 글자 선 따라 쓰기

아래 모음의 선을 따라 연필로 예쁘고 바르게 써 보세요.

43 [모음 ㅢ] 연필로 쓰기 연습 (1일 차)

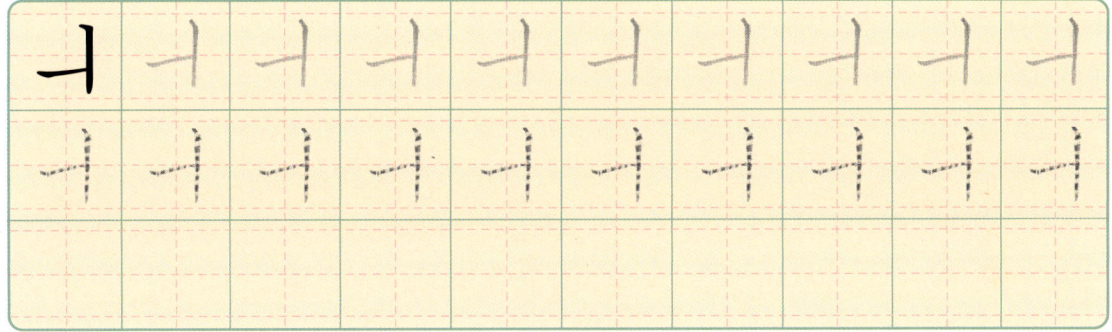

44 [모음 ㅢ] 연필로 쓰기 연습 (2일 차)

45 [모음 ㅢ] 연필로 쓰기 연습 (3일 차)

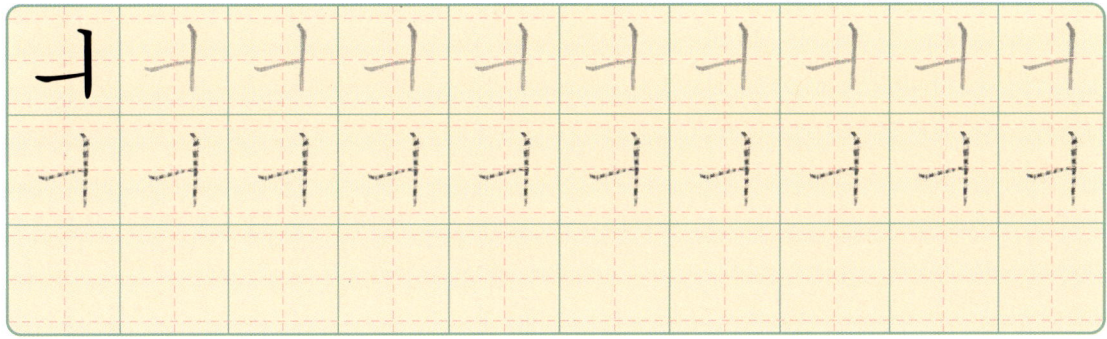

그림 감상하고 동시 쓰기

아래 그림을 감상하면서 오른쪽의 동시를 예쁘게 써 보세요.

황소

 낱말 쓰기 끝내고 동시 예쁘게 따라 쓰기

황소

시골집 마당에 엄마황소가
시골집 마당에 엄마황소가

귀여운 송아지 보고 있네요.
귀여운 송아지 보고 있네요.

외양간 옆 장독대 위
외양간 옆 장독대 위

한가로이 잠자리 날고 있어요.
한가로이 잠자리 날고 있어요.

한글 [모음] 스물한 자 알아보기

♥연필을 바르게 잡고 흐린 글자의 점선을 따라 획순대로 예쁘게 써 보세요.

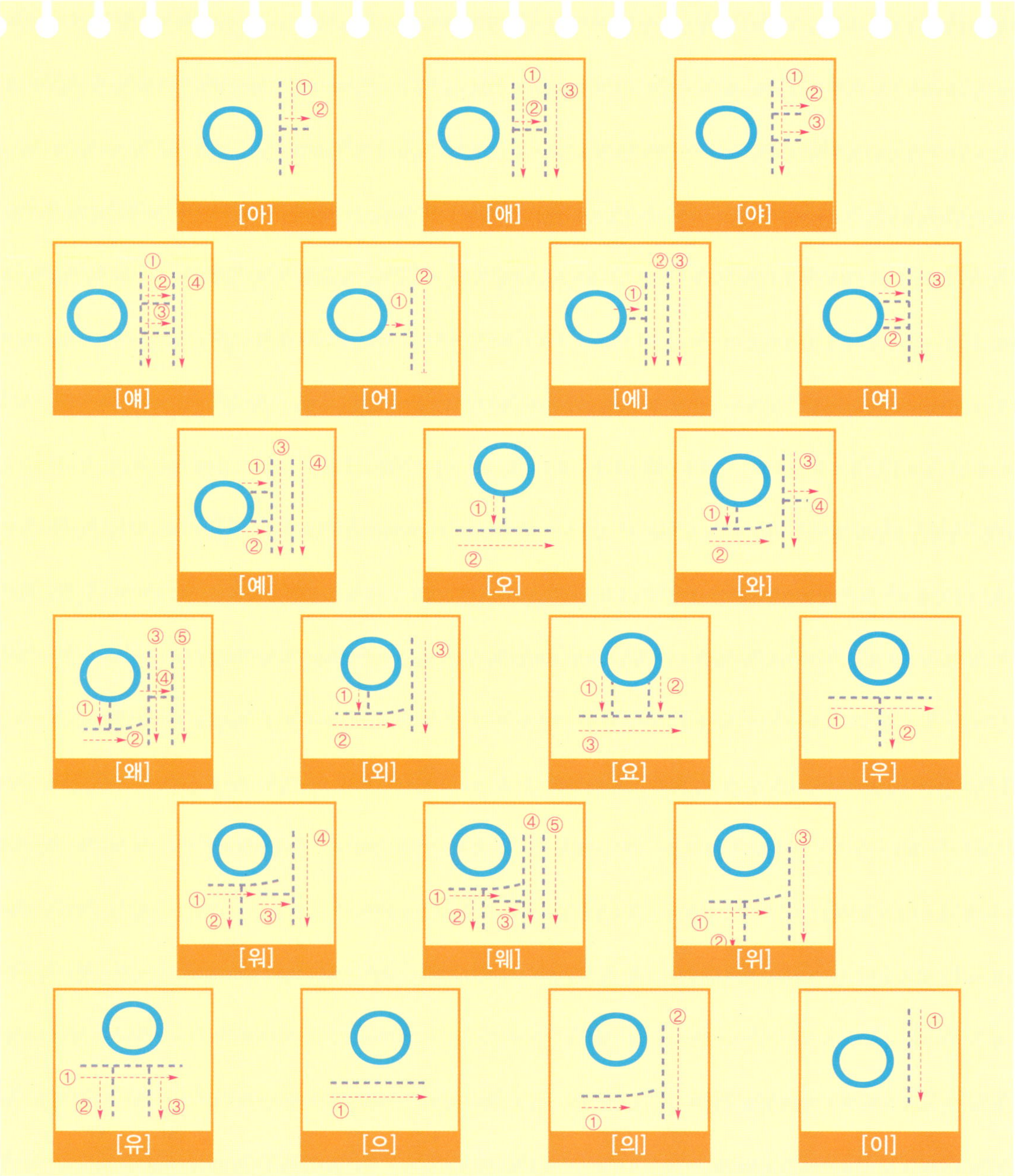

[아]	[애]	[야]
[얘]	[어]	[에]	[여]
[예]	[오]	[와]
[왜]	[외]	[요]	[우]
[워]	[웨]	[위]
[유]	[으]	[의]	[이]

한글 모음
글자 선 따라 쓰기

아래 모음의 글자 선을 따라 연필로 천천히 써 보세요.

1 [ㅏ 아] 연필로 천천히 예쁘게 쓰기 연습

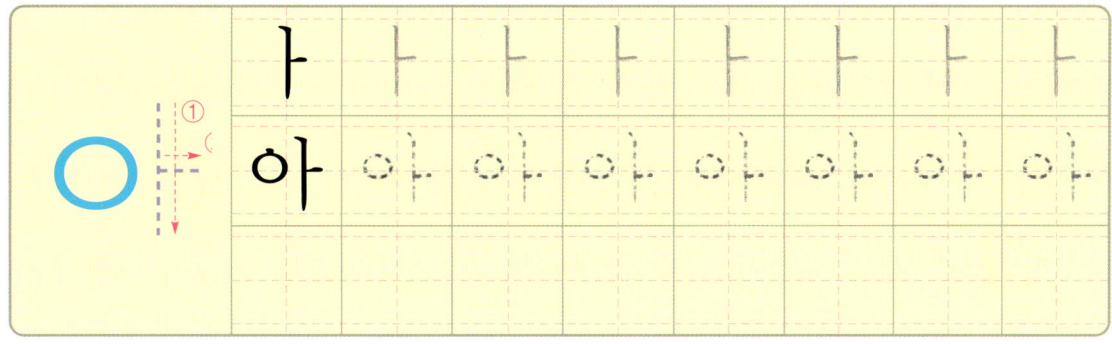

2 [ㅐ 애] 연필로 천천히 예쁘게 쓰기 연습

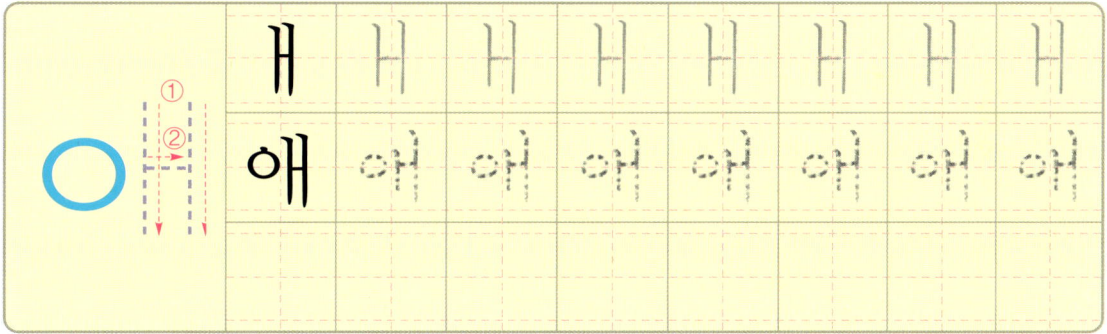

3 [ㅑ 야] 연필로 천천히 예쁘게 쓰기 연습

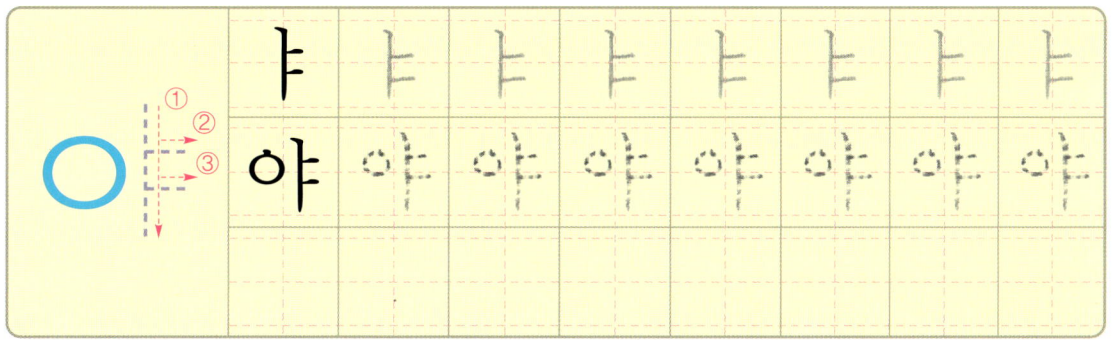

한글 모음 글자 선 따라 쓰기

 아래 모음의 글자 선을 따라 연필로 천천히 써 보세요.

4 [ㅐ 애] 연필로 천천히 예쁘게 쓰기 연습

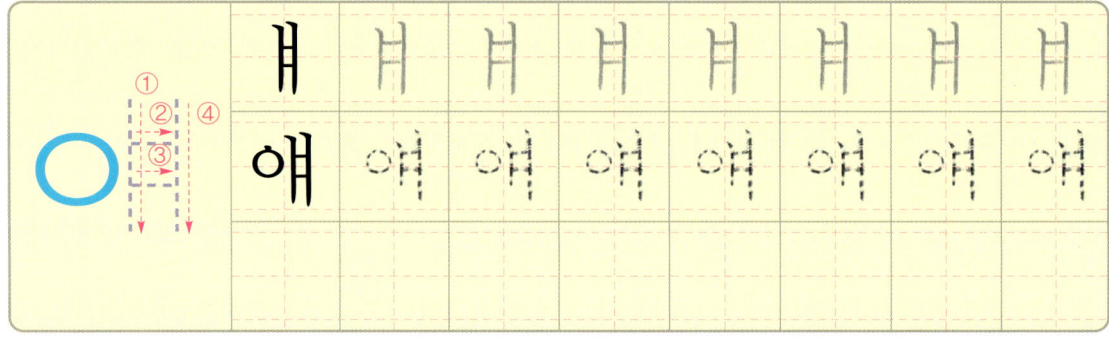

5 [ㅓ 어] 연필로 천천히 예쁘게 쓰기 연습

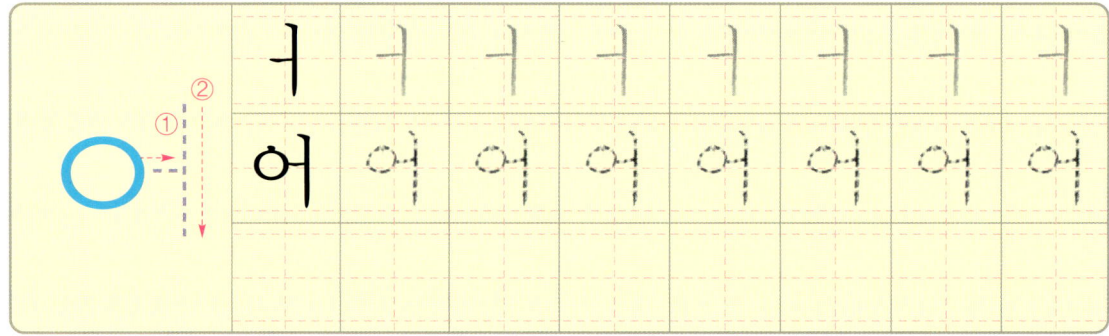

6 [ㅔ 에] 연필로 천천히 예쁘게 쓰기 연습

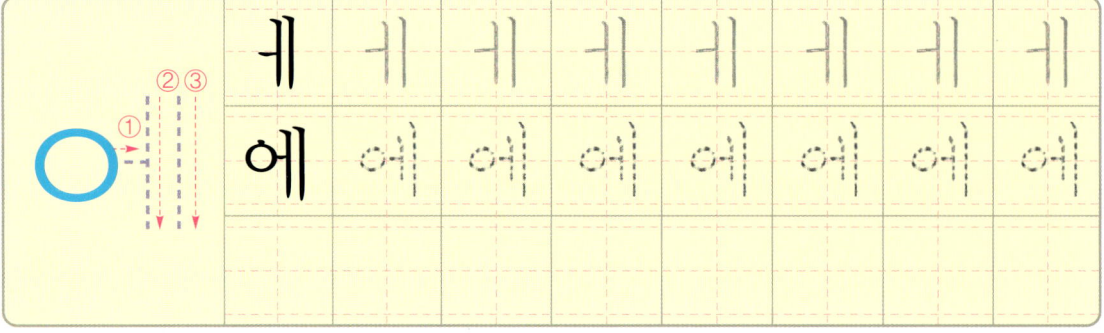

한글 모음 글자 선 따라 쓰기

 아래 모음의 글자 선을 따라 연필로 천천히 써 보세요.

7 [ㅕ 여] 연필로 천천히 예쁘게 쓰기 연습

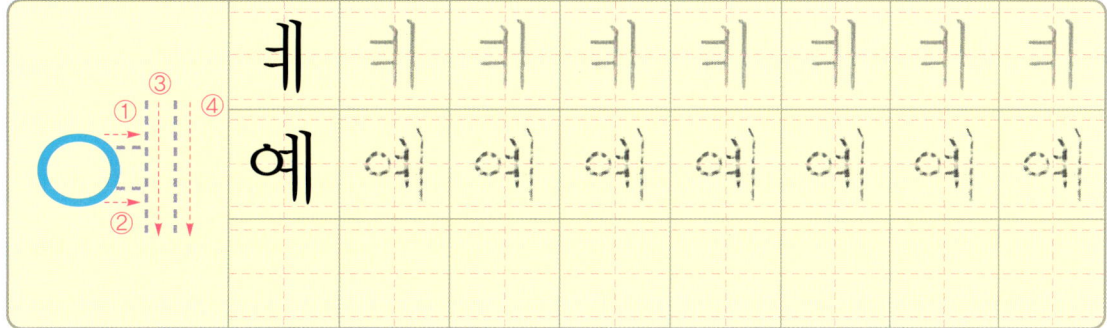

8 [ㅖ 예] 연필로 천천히 예쁘게 쓰기 연습

9 [ㅗ 오] 연필로 천천히 예쁘게 쓰기 연습

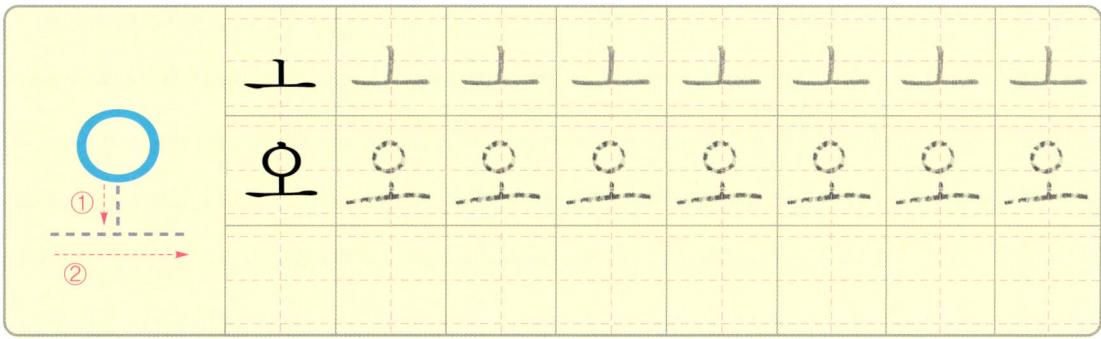

한글 모음 글자 선 따라 쓰기

아래 모음의 글자 선을 따라 연필로 천천히 써 보세요.

10 [ㅘ 와] 연필로 천천히 예쁘게 쓰기 연습

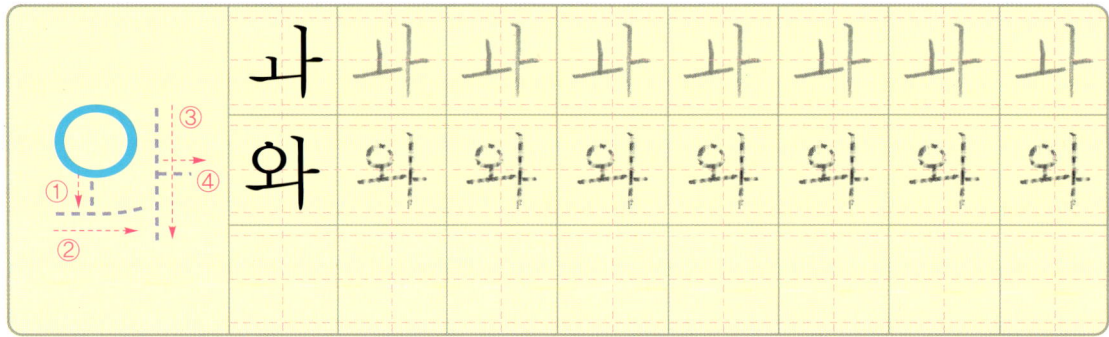

11 [ㅙ 왜] 연필로 천천히 예쁘게 쓰기 연습

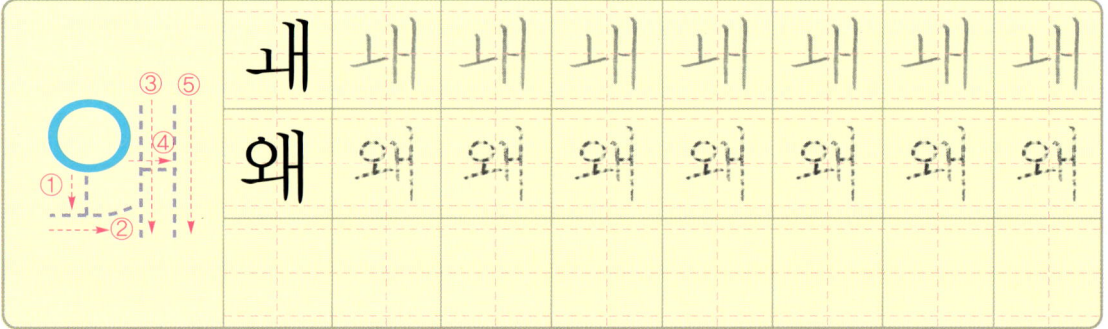

12 [ㅚ 외] 연필로 천천히 예쁘게 쓰기 연습

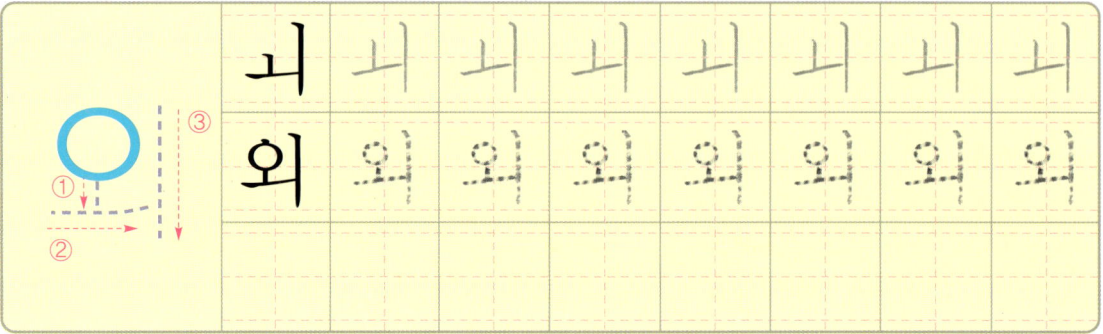

한글 모음 글자 선 따라 쓰기

아래 모음의 글자 선을 따라 연필로 천천히 써 보세요.

13 [ㅛ 요] 연필로 천천히 예쁘게 쓰기 연습

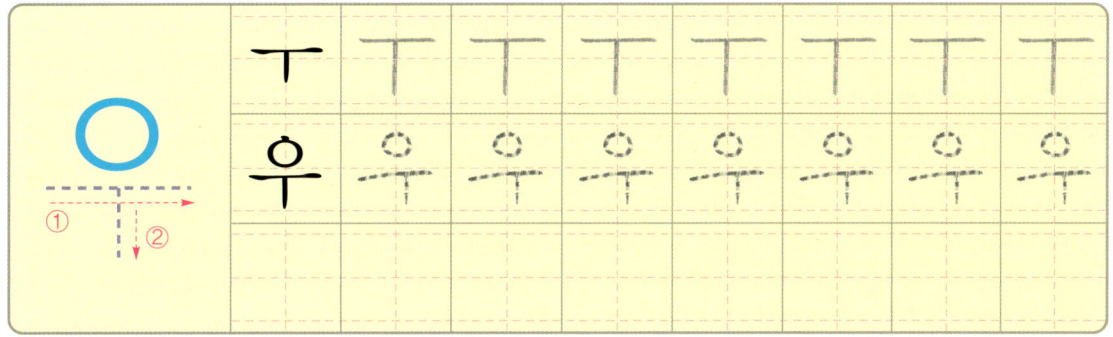

14 [ㅜ 우] 연필로 천천히 예쁘게 쓰기 연습

15 [ㅝ 워] 연필로 천천히 예쁘게 쓰기 연습

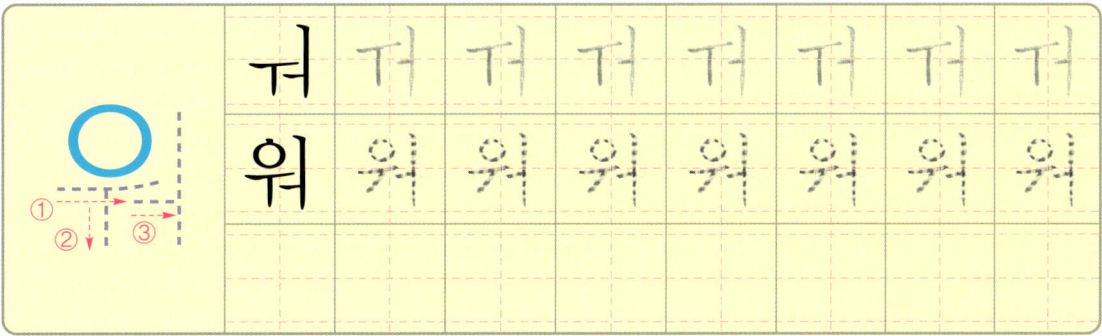

한글 모음 글자 선 따라 쓰기

아래 모음의 글자 선을 따라 연필로 천천히 써 보세요.

16 [ㅖ 웨] 연필로 천천히 예쁘게 쓰기 연습

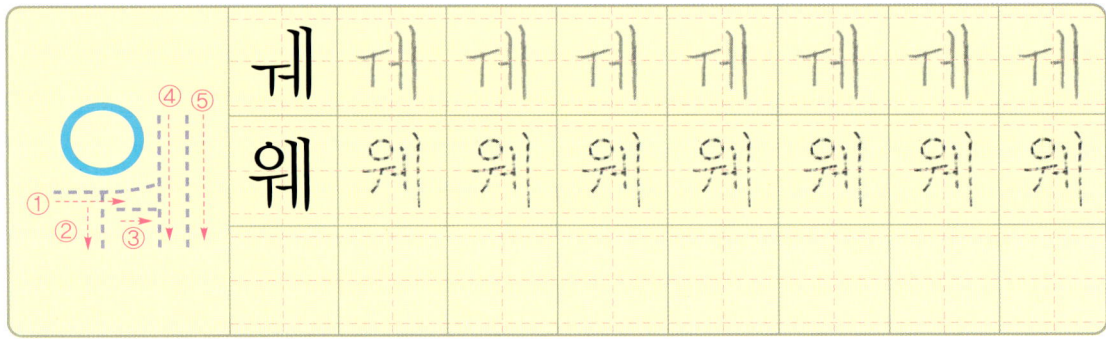

17 [ㅟ 위] 연필로 천천히 예쁘게 쓰기 연습

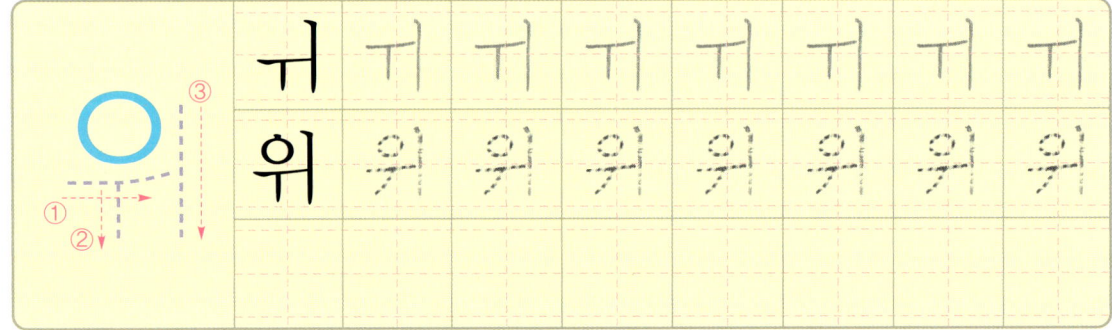

18 [ㅠ 유] 연필로 천천히 예쁘게 쓰기 연습

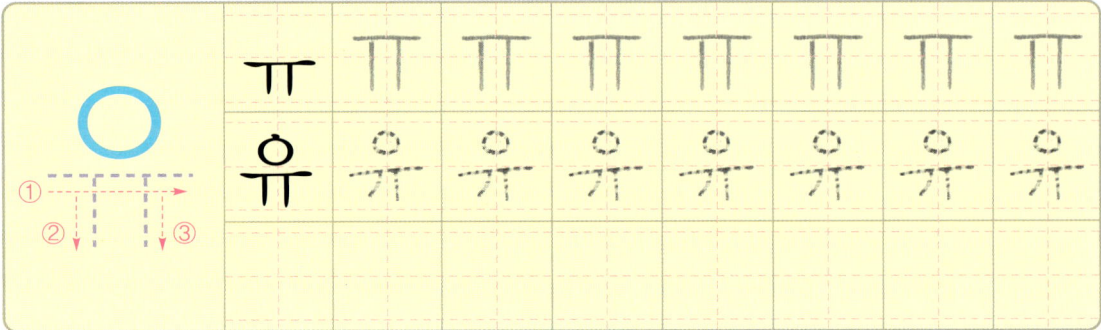

아래 모음의 글자 선을 따라 연필로 천천히 써 보세요.

19 [ㅡ 으] 연필로 천천히 예쁘게 쓰기 연습

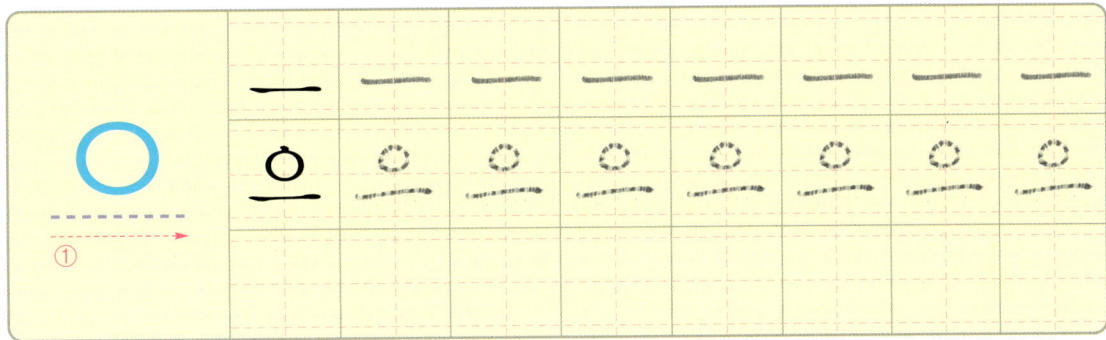

20 [ㅣ 이] 연필로 천천히 예쁘게 쓰기 연습

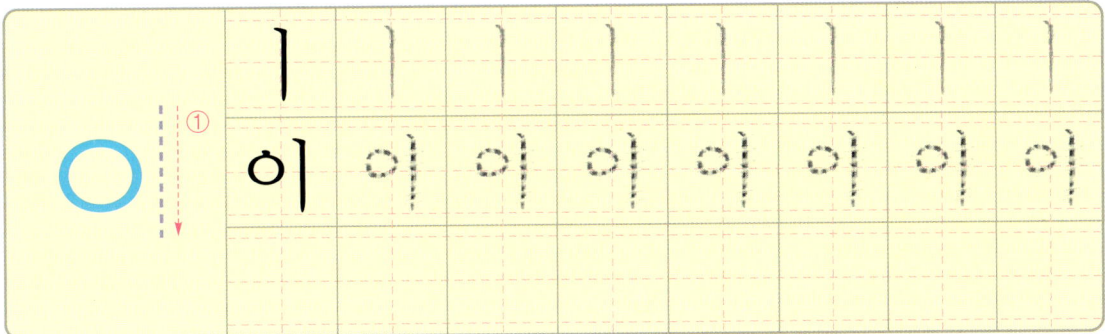

21 [ㅢ 의] 연필로 천천히 예쁘게 쓰기 연습

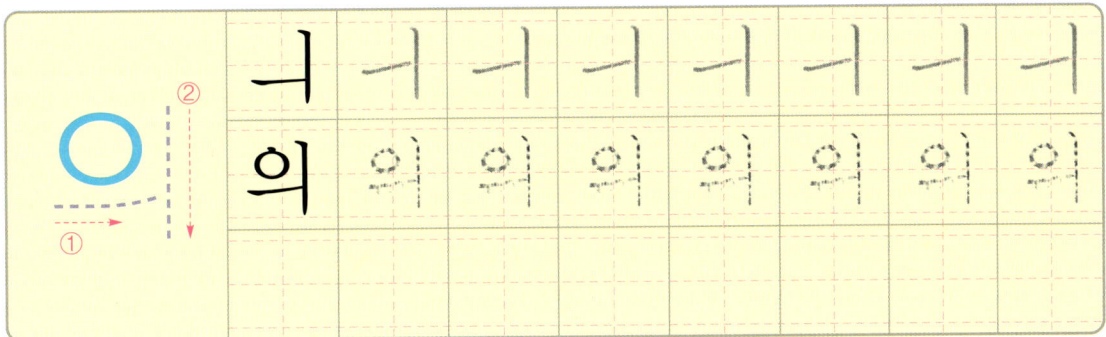

그림 감상하고 동시 쓰기

아래 그림을 감상하면서 오른쪽의 동시를 예쁘게 써 보세요.

허수아비

 ## 낱말 쓰기 끝내고 동시 예쁘게 따라 쓰기 ③

허수아비

황금빛 가득한 가을 들판에
황금빛 가득한 가을 들판에

허수아비 아저씨 외로운가봐
허수아비 아저씨 외로운가봐

맘씨도 착하시네! 참새와 놀고
맘씨도 착하시네! 참새와 놀고

농부는 즐거워 낫질하는데
농부는 즐거워 낫질하는데

저 멀리 참새가 노래 불러요.
저 멀리 참새가 노래 불러요.

[ㄱ]의 [가]행 글자 선 따라 쓰기

아래 글자의 선을 따라 연필로 예쁘고 바르게 써 보세요.

1 [가 연필로 쓰기 연습]

2 [고 연필로 쓰기 연습]

3 [구 연필로 쓰기 연습]

[ㄴ]의 [나]행 글자 선 따라 쓰기

아래 글자의 선을 따라 연필로 예쁘고 바르게 써 보세요.

1 [나 연필로 쓰기 연습]

2 [노 연필로 쓰기 연습]

3 [누 연필로 쓰기 연습]

[ㄷ]의 [다]행
글자 선 따라 쓰기

③

아래 글자의 선을 따라 연필로 예쁘고 바르게 써 보세요.

1 [다 연필로 쓰기 연습]

2 [도 연필로 쓰기 연습]

3 [두 연필로 쓰기 연습]

[ㄹ]의 [라]행 글자 선 따라 쓰기

아래 글자의 선을 따라 연필로 예쁘고 바르게 써 보세요.

1 [라 연필로 쓰기 연습]

라	라	라	라	라	라	라	라	라
라	라	라	라	라	라	라	라	라

2 [로 연필로 쓰기 연습]

로	로	로	로	로	로	로	로	로
로	로	로	로	로	로	로	로	로

3 [루 연필로 쓰기 연습]

루	루	루	루	루	루	루	루	루
루	루	루	루	루	루	루	루	루

[ㅁ]의 [마]행 글자 선 따라 쓰기

아래 글자의 선을 따라 연필로 예쁘고 바르게 써 보세요.

1 [마 연필로 쓰기 연습]

2 [모 연필로 쓰기 연습]

3 [무 연필로 쓰기 연습]

[ㅂ]의 [바]행
글자 선 따라 쓰기

아래 글자의 선을 따라 연필로 예쁘고 바르게 써 보세요.

① [바 연필로 쓰기 연습]

② [보 연필로 쓰기 연습]

③ [부 연필로 쓰기 연습]

[ㅅ]의 [사]행 글자 선 따라 쓰기

아래 글자의 선을 따라 연필로 예쁘고 바르게 써 보세요.

1 [사 연필로 쓰기 연습]

2 [소 연필로 쓰기 연습]

3 [수 연필로 쓰기 연습]

[ㅇ]의 [아]행
글자 선 따라 쓰기

아래 글자의 선을 따라 연필로 예쁘고 바르게 써 보세요.

1 [아 연필로 쓰기 연습]

2 [오 연필로 쓰기 연습]

3 [우 연필로 쓰기 연습]

[ㅈ]의 [자]행 글자 선 따라 쓰기

아래 글자의 선을 따라 연필로 예쁘고 바르게 써 보세요.

1 [자 연필로 쓰기 연습]

2 [조 연필로 쓰기 연습]

3 [주 연필로 쓰기 연습]

[ㅊ]의 [차]행
글자 선 따라 쓰기

아래 글자의 선을 따라 연필로 예쁘고 바르게 써 보세요.

1 [차 연필로 쓰기 연습]

| 차 | 차 | 차 | 차 | 차 | 차 | 차 | 차 | 차 |
| 차 | 차 | 차 | 차 | 차 | 차 | 차 | 차 | 차 |

2 [초 연필로 쓰기 연습]

| 초 | 초 | 초 | 초 | 초 | 초 | 초 | 초 | 초 |
| 초 | 초 | 초 | 초 | 초 | 초 | 초 | 초 | 초 |

3 [추 연필로 쓰기 연습]

| 추 | 추 | 추 | 추 | 추 | 추 | 추 | 추 | 추 |
| 추 | 추 | 추 | 추 | 추 | 추 | 추 | 추 | 추 |

[ㅋ]의 [카]행 글자 선 따라 쓰기

아래 글자의 선을 따라 연필로 예쁘고 바르게 써 보세요.

1 [카 연필로 쓰기 연습]

2 [코 연필로 쓰기 연습]

3 [쿠 연필로 쓰기 연습]

[ㅌ]의 [타]행 글자 선 따라 쓰기

아래 글자의 선을 따라 연필로 예쁘고 바르게 써 보세요.

1 [타 연필로 쓰기 연습]

2 [토 연필로 쓰기 연습]

3 [투 연필로 쓰기 연습]

[프]의 [파]행
글자 선 따라 쓰기

아래 글자의 선을 따라 연필로 예쁘고 바르게 써 보세요.

1 [파 연필로 쓰기 연습]

2 [포 연필로 쓰기 연습]

3 [푸 연필로 쓰기 연습]

[ㅎ]의 [하]행
글자 선 따라 쓰기

아래 글자의 선을 따라 연필로 예쁘고 바르게 써 보세요.

1 [하 연필로 쓰기 연습]

2 [호 연필로 쓰기 연습]

3 [후 연필로 쓰기 연습]

그림 감상하고 동시 쓰기

아래 그림을 감상하면서 오른쪽의 동시를 예쁘게 써 보세요.

달밤

 낱말 쓰기 끝내고 동시 예쁘게 따라 쓰기

달밤

언제나 다정한 귀뚜라미 친구
언제나 다정한 귀뚜라미 친구

둘이서 달밤에 노래 불러요.
둘이서 달밤에 노래 불러요.

아름다운 목소리 귀뚤귀뚤
아름다운 목소리 귀뚤귀뚤

밝고 고운 목소리 끼룩끼룩
밝고 고운 목소리 끼룩끼룩

화음도 척척 맞는 달빛 속에
화음도 척척 맞는 달빛 속에

[한글] 숫자 글자 선 따라 쓰기

아래 숫자를 선 따라 연필로 천천히 예쁘게 써 보세요.

① **[한글 숫자 일] 연필로 쓰기 연습**

일 일 일 일 일 일 일 일 일
일 일 일 일 일 일 일 일 일

② **[한글 숫자 이] 연필로 쓰기 연습**

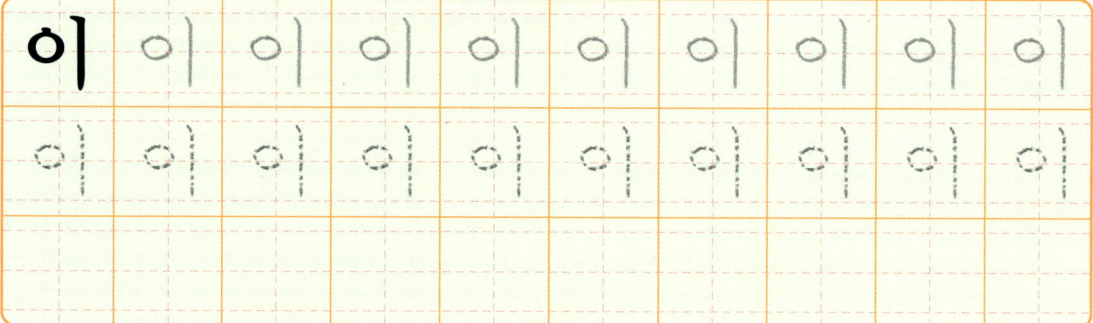

③ **[한글 숫자 삼] 연필로 쓰기 연습**

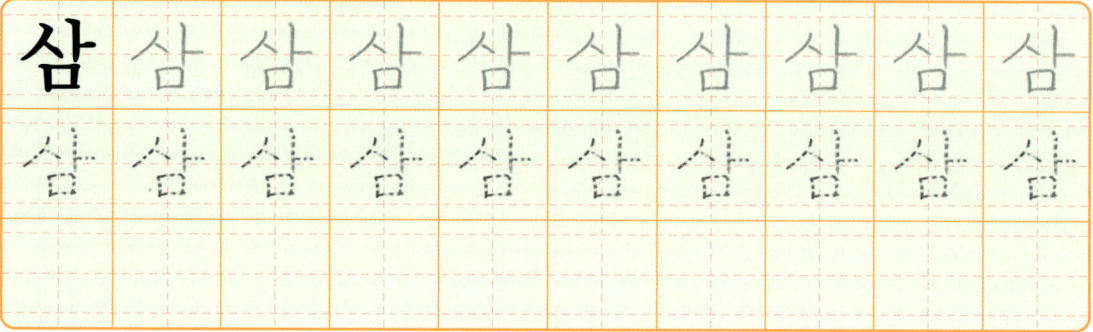

[한글] 숫자 글자 선 따라 쓰기

아래 숫자를 선 따라 연필로 천천히 예쁘게 써 보세요.

④ [한글 숫자 사] 연필로 쓰기 연습

사 사 사 사 사 사 사 사 사 사
사 사 사 사 사 사 사 사 사 사

⑤ [한글 숫자 오] 연필로 쓰기 연습

오 오 오 오 오 오 오 오 오 오
오 오 오 오 오 오 오 오 오 오

⑥ [한글 숫자 육] 연필로 쓰기 연습

육 육 육 육 육 육 육 육 육 육
육 육 육 육 육 육 육 육 육 육

[한글] 숫자 글자 선 따라 쓰기

아래 숫자를 선 따라 연필로 천천히 예쁘게 써 보세요.

⑦ [한글 숫자 칠] 연필로 쓰기 연습

칠	칠	칠	칠	칠	칠	칠	칠	칠
칠	칠	칠	칠	칠	칠	칠	칠	칠	칠

⑧ [한글 숫자 팔] 연필로 쓰기 연습

팔	팔	팔	팔	팔	팔	팔	팔	팔
팔	팔	팔	팔	팔	팔	팔	팔	팔	팔

⑨ [한글 숫자 구] 연필로 쓰기 연습

구	구	구	구	구	구	구	구	구
구	구	구	구	구	구	구	구	구	구

[한글] 숫자 글자 선 따라 쓰기

 아래 숫자를 선 따라 연필로 천천히 예쁘게 써 보세요.

10 [한글 숫자 공] 연필로 쓰기 연습

공 공 공 공 공 공 공 공 공 공

11 [한글 숫자 일십] 연필로 쓰기 연습

일 십 일 십 일 십 일 십 일 십

12 [한글 숫자 이십] 연필로 쓰기 연습

이 십 이 십 이 십 이 십 이 십

[한글] 숫자 글자 선 따라 쓰기

아래 숫자를 선 따라 연필로 천천히 예쁘게 써 보세요.

13 [한글 숫자 삼십] 연필로 쓰기 연습

| 삼 | 십 | 삼 | 십 | 삼 | 십 | 삼 | 십 |

14 [한글 숫자 사십] 연필로 쓰기 연습

| 사 | 십 | 사 | 십 | 사 | 십 | 사 | 십 |

15 [한글 숫자 오십] 연필로 쓰기 연습

| 오 | 십 | 오 | 십 | 오 | 십 | 오 | 십 |

[한글] 숫자 글자 선 따라 쓰기

아래 숫자를 선 따라 연필로 천천히 예쁘게 써 보세요.

16 [한글 숫자 육십] 연필로 쓰기 연습

| 육 | 십 | | | | | | | |

17 [한글 숫자 칠십] 연필로 쓰기 연습

| 칠 | 십 | | | | | | | |

18 [한글 숫자 팔십] 연필로 쓰기 연습

| 팔 | 십 | | | | | | | |

[한글] 숫자 글자 선 따라 쓰기

 아래 숫자를 선 따라 연필로 천천히 예쁘게 써 보세요.

19 [한글 숫자 구십] 연필로 쓰기 연습

구십

20 [한글 숫자 백] 연필로 쓰기 연습

백

21 [한글 숫자 천] 연필로 쓰기 연습

천

[한글] 숫자 글자 선 따라 쓰기

 아래 숫자를 선 따라 연필로 천천히 예쁘게 써 보세요.

22 [한글 숫자 만] 연필로 쓰기 연습

만	만	만	만	만	만	만	만	만
만	만	만	만	만	만	만	만	만

23 [한글 숫자 십만] 연필로 쓰기 연습

십 만	십 만	십 만	십 만	십 만
십 만	십 만	십 만	십 만	십 만

24 [한글 숫자 백만] 연필로 쓰기 연습

백 만	백 만	백 만	백 만	백 만
백 만	백 만	백 만	백 만	백 만

그림 감상하고 동시 쓰기

아래 그림을 감상하면서 오른쪽의 동시를 예쁘게 써 보세요.

놀이터

 **낱말 쓰기 끝내고 동시 예쁘게 따라 쓰기**

놀이터

애들아 우리 함께 술래잡기하자

그네 타는 친구와 화초 보는 친구들

우리함께 숨바꼭질하자

나는 술래니 너는 숨어라

머리카락 보일라 꼭꼭 숨어라

한글 낱말 글자 선 따라 쓰기

ㄱ행 : 가구, 구두, 가지, 갈치, 감자
ㄴ행 : 나비, 누에, 나이테, 낙타, 나팔
ㄷ행 : 다리미, 다시마, 도토리, 도시락, 다람쥐
ㄹ행 : 라디오, 라면, 로프, 라일락, 라켓
ㅁ행 : 모래, 모자, 마차, 망아지, 망치
ㅂ행 : 바다, 바지, 부채, 반지, 방석
ㅅ행 : 사과, 소라, 사자, 수박, 사슴
ㅇ행 : 아기, 오리, 우유, 악어, 오징어
ㅈ행 : 자두, 자라, 주머니, 자전거, 잠자리
ㅊ행 : 초가, 치마, 치아, 침대, 참새
ㅋ행 : 카메라, 커피, 크래커, 코뿔소, 크레용
ㅌ행 : 타이어, 타조, 토끼, 탁구공, 탈곡기
ㅍ행 : 파도, 파리, 피리, 파랑새, 팔씨름
ㅎ행 : 호두, 호수, 하마, 학교, 한복

한글 낱말
글자 선 따라 쓰기

*아래 낱말의 글자 선을 따라 연필로 천천히 예쁘게 써 보세요.

ㄱ행

1. [가구] 받침 없는 낱말 쓰기

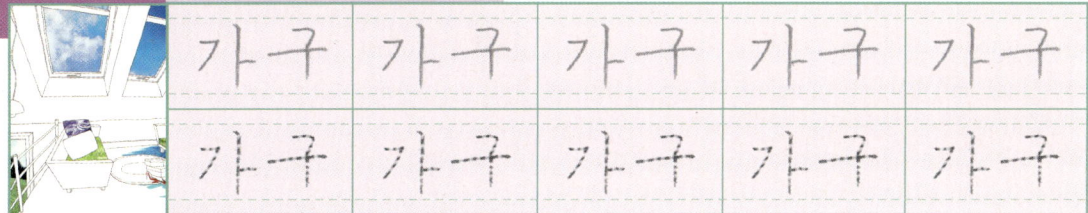

2. [구두] 받침 없는 낱말 쓰기

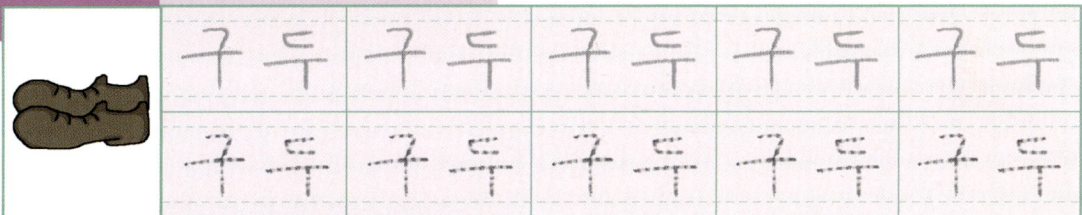

3. [가지] 받침 없는 낱말 쓰기

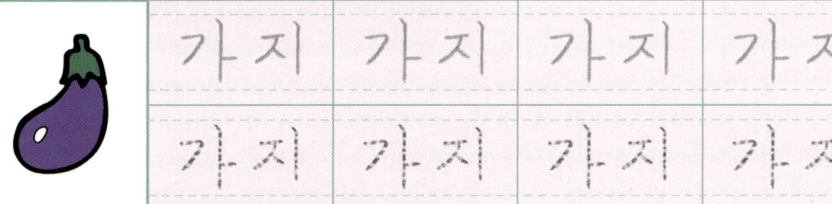

4. [갈치] 받침 있는 낱말 쓰기

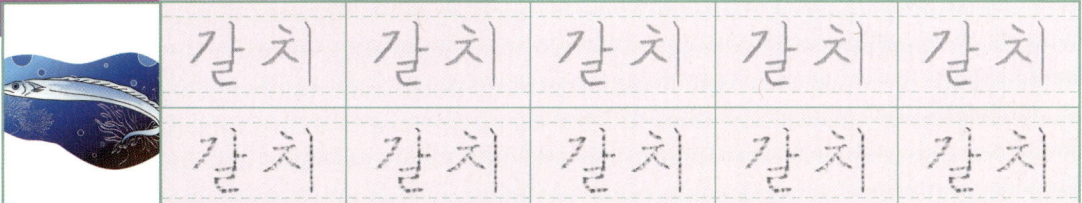

5. [감자] 받침 있는 낱말 쓰기

한글 낱말
글자 선 따라 쓰기

*아래 낱말의 글자 선을 따라 연필로 천천히 예쁘게 써 보세요.

ㄴ행

6. [나비] 받침 없는 낱말 쓰기

7. [누에] 받침 없는 낱말 쓰기

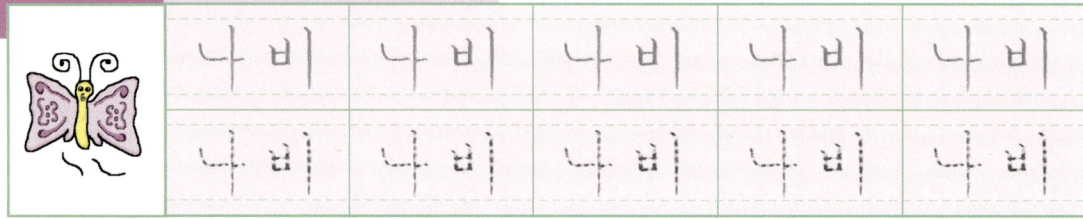

8. [나이테] 받침 없는 낱말 쓰기

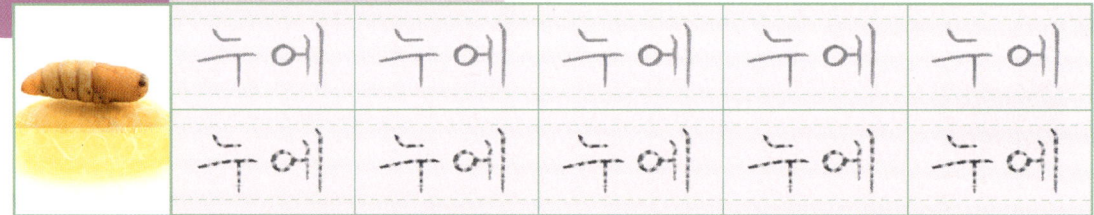

9. [낙타] 받침 있는 낱말 쓰기

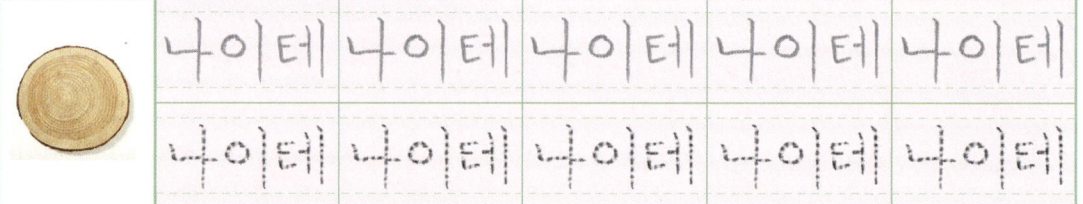

10. [나팔] 받침 있는 낱말 쓰기

한글 낱말
글자 선 따라 쓰기

*아래 낱말의 글자 선을 따라 연필로 천천히 예쁘게 써 보세요.

ㄷ행

11. [다리미] 받침 없는 낱말 쓰기

| 다리미 | 다리미 | 다리미 | 다리미 | 다리미 |
| 다리미 | 다리미 | 다리미 | 다리미 | 다리미 |

12. [다시마] 받침 없는 낱말 쓰기

| 다시마 | 다시마 | 다시마 | 다시마 | 다시마 |
| 다시마 | 다시마 | 다시마 | 다시마 | 다시마 |

13. [도토리] 받침 없는 낱말 쓰기

| 도토리 | 도토리 | 도토리 | 도토리 | 도토리 |
| 도토리 | 도토리 | 도토리 | 도토리 | 도토리 |

14. [도시락] 받침 있는 낱말 쓰기

| 도시락 | 도시락 | 도시락 | 도시락 | 도시락 |
| 도시락 | 도시락 | 도시락 | 도시락 | 도시락 |

15. [다람쥐] 받침 있는 낱말 쓰기

| 다람쥐 | 다람쥐 | 다람쥐 | 다람쥐 | 다람쥐 |
| 다람쥐 | 다람쥐 | 다람쥐 | 다람쥐 | 다람쥐 |

한글 낱말 글자 선 따라 쓰기

*아래 낱말의 글자 선을 따라 연필로 천천히 예쁘게 써 보세요.

ㄹ 행

16. [라디오] 받침 없는 낱말 쓰기

라디오 라디오 라디오 라디오 라디오
라디오 라디오 라디오 라디오 라디오

17. [라면] 받침 없는 낱말 쓰기

라면 라면 라면 라면 라면
라면 라면 라면 라면 라면

18. [로프] 받침 없는 낱말 쓰기

로프 로프 로프 로프 로프
로프 로프 로프 로프 로프

19. [라일락] 받침 있는 낱말 쓰기

라일락 라일락 라일락 라일락 라일락
라일락 라일락 라일락 라일락 라일락

20. [라켓] 받침 있는 낱말 쓰기

라켓 라켓 라켓 라켓 라켓
라켓 라켓 라켓 라켓 라켓

한글 낱말
글자 선 따라 쓰기

*아래 낱말의 글자 선을 따라 연필로 천천히 예쁘게 써 보세요.

ㅁ 행

21. [모래] 받침 없는 낱말 쓰기

| 모래 | 모래 | 모래 | 모래 | 모래 |
| 모래 | 모래 | 모래 | 모래 | 모래 |

22. [모자] 받침 없는 낱말 쓰기

| 모자 | 모자 | 모자 | 모자 | 모자 |
| 모자 | 모자 | 모자 | 모자 | 모자 |

23. [마차] 받침 없는 낱말 쓰기

| 마차 | 마차 | 마차 | 마차 | 마차 |
| 마차 | 마차 | 마차 | 마차 | 마차 |

24. [망아지] 받침 있는 낱말 쓰기

| 망아지 | 망아지 | 망아지 | 망아지 | 망아지 |
| 망아지 | 망아지 | 망아지 | 망아지 | 망아지 |

25. [망치] 받침 있는 낱말 쓰기

| 망치 | 망치 | 망치 | 망치 | 망치 |
| 망치 | 망치 | 망치 | 망치 | 망치 |

한글 낱말 글자 선 따라 쓰기 6

*아래 낱말의 글자 선을 따라 연필로 천천히 예쁘게 써 보세요.

ㅂ행

26. [바다] 받침 없는 낱말 쓰기
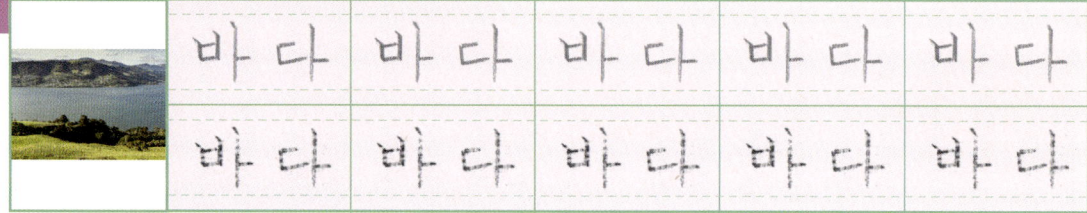

27. [바지] 받침 없는 낱말 쓰기
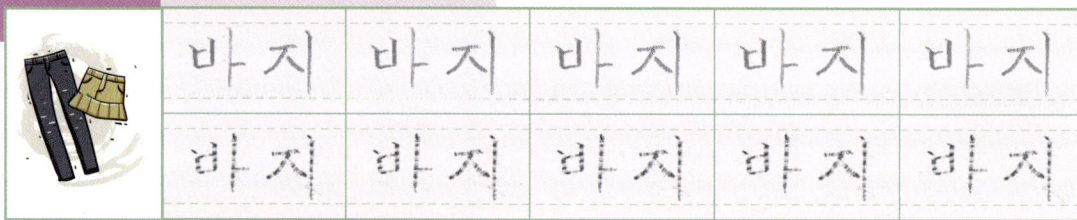

28. [부채] 받침 없는 낱말 쓰기
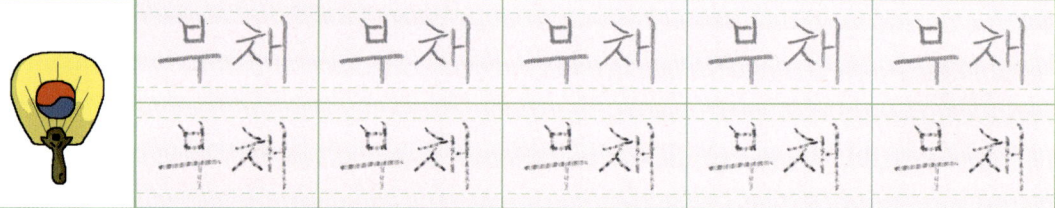

29. [반지] 받침 있는 낱말 쓰기
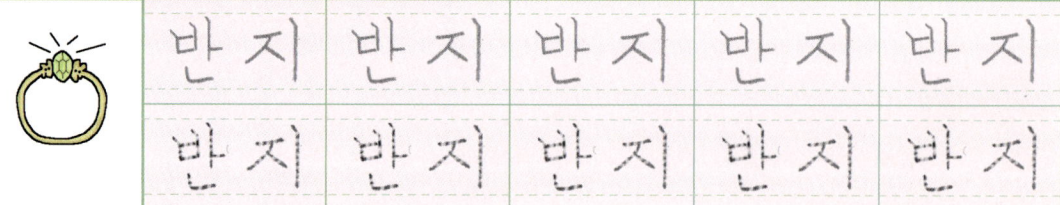

30. [방석] 받침 있는 낱말 쓰기

한글 낱말 글자 선 따라 쓰기

*아래 낱말의 글자 선을 따라 연필로 천천히 예쁘게 써 보세요.

ㅅ 행

31. [사과] 받침 없는 낱말 쓰기

| 사과 | 사과 | 사과 | 사과 | 사과 |
| 사과 | 사과 | 사과 | 사과 | 사과 |

32. [소라] 받침 없는 낱말 쓰기

| 소라 | 소라 | 소라 | 소라 | 소라 |
| 소라 | 소라 | 소라 | 소라 | 소라 |

33. [사자] 받침 없는 낱말 쓰기

| 사자 | 사자 | 사자 | 사자 | 사자 |
| 사자 | 사자 | 사자 | 사자 | 사자 |

34. [수박] 받침 있는 낱말 쓰기

| 수박 | 수박 | 수박 | 수박 | 수박 |
| 수박 | 수박 | 수박 | 수박 | 수박 |

35. [사슴] 받침 있는 낱말 쓰기

| 사슴 | 사슴 | 사슴 | 사슴 | 사슴 |
| 사슴 | 사슴 | 사슴 | 사슴 | 사슴 |

한글 낱말
글자 선 따라 쓰기

*아래 낱말의 글자 선을 따라 연필로 천천히 예쁘게 써 보세요.

ㅇ행

36. [아기] 받침 없는 낱말 쓰기

아기	아기	아기	아기	아기
아기	아기	아기	아기	아기

37. [오리] 받침 없는 낱말 쓰기

오리	오리	오리	오리	오리
오리	오리	오리	오리	오리

38. [우유] 받침 없는 낱말 쓰기

우유	우유	우유	우유	우유
우유	우유	우유	우유	우유

39. [악어] 받침 있는 낱말 쓰기

악어	악어	악어	악어	악어
악어	악어	악어	악어	악어

40. [오징어] 받침 있는 낱말 쓰기

오징어	오징어	오징어	오징어	오징어
오징어	오징어	오징어	오징어	오징어

한글 낱말 글자 선 따라 쓰기

*아래 낱말의 글자 선을 따라 연필로 천천히 예쁘게 써 보세요.

ㅈ 행

41. [자두] 받침 없는 낱말 쓰기

자두	자두	자두	자두	자두
자두	자두	자두	자두	자두

42. [자라] 받침 없는 낱말 쓰기

자라	자라	자라	자라	자라
자라	자라	자라	자라	자라

43. [주머니] 받침 없는 낱말 쓰기

주머니	주머니	주머니	주머니	주머니
주머니	주머니	주머니	주머니	주머니

44. [자전거] 받침 있는 낱말 쓰기

자전거	자전거	자전거	자전거	자전거
자전거	자전거	자전거	자전거	자전거

45. [잠자리] 받침 있는 낱말 쓰기

잠자리	잠자리	잠자리	잠자리	잠자리
잠자리	잠자리	잠자리	잠자리	잠자리

한글 낱말 글자 선 따라 쓰기 ⑩

*아래 낱말의 글자 선을 따라 연필로 천천히 예쁘게 써 보세요.

ㅊ 행

46. [초가] 받침 없는 낱말 쓰기
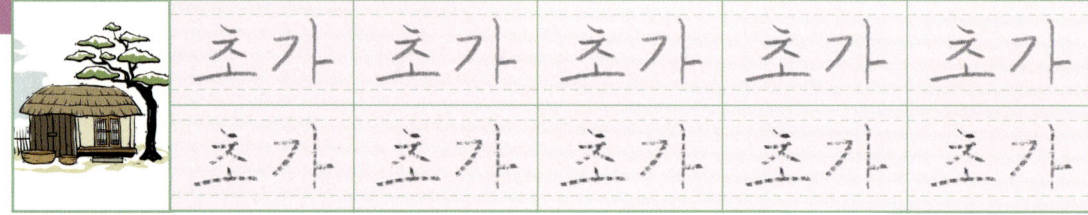

47. [치마] 받침 없는 낱말 쓰기
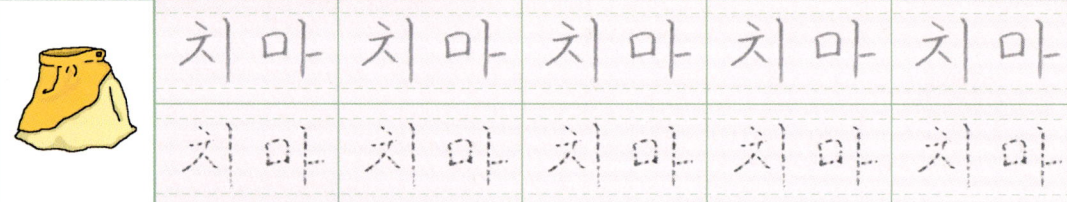

48. [치아] 받침 없는 낱말 쓰기
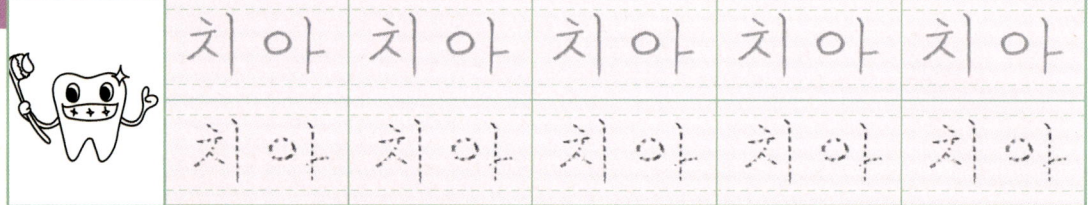

49. [침대] 받침 있는 낱말 쓰기
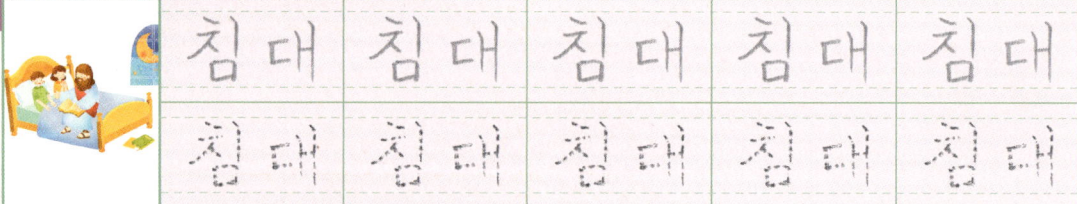

50. [참새] 받침 있는 낱말 쓰기

한글 낱말 글자 선 따라 쓰기

*아래 낱말의 글자 선을 따라 연필로 천천히 예쁘게 써 보세요.

ㅋ행

51. [카메라] 받침 없는 낱말 쓰기

| 카메라 | 카메라 | 카메라 | 카메라 | 카메라 |
| 카메라 | 카메라 | 카메라 | 카메라 | 카메라 |

52. [커피] 받침 없는 낱말 쓰기

| 커피 | 커피 | 커피 | 커피 | 커피 |
| 커피 | 커피 | 커피 | 커피 | 커피 |

53. [크래커] 받침 없는 낱말 쓰기

| 크래커 | 크래커 | 크래커 | 크래커 | 크래커 |
| 크래커 | 크래커 | 크래커 | 크래커 | 크래커 |

54. [코뿔소] 받침 있는 낱말 쓰기

| 코뿔소 | 코뿔소 | 코뿔소 | 코뿔소 | 코뿔소 |
| 코뿔소 | 코뿔소 | 코뿔소 | 코뿔소 | 코뿔소 |

55. [크레용] 받침 있는 낱말 쓰기

| 크레용 | 크레용 | 크레용 | 크레용 | 크레용 |
| 크레용 | 크레용 | 크레용 | 크레용 | 크레용 |

한글 낱말 글자 선 따라 쓰기

*아래 낱말의 글자 선을 따라 연필로 천천히 예쁘게 써 보세요.

ㅌ행

56. [타이어] 받침 없는 낱말 쓰기

| 타이어 | 타이어 | 타이어 | 타이어 | 타이어 |
| 타이어 | 타이어 | 타이어 | 타이어 | 타이어 |

57. [타조] 받침 없는 낱말 쓰기

| 타조 | 타조 | 타조 | 타조 | 타조 |
| 타조 | 타조 | 타조 | 타조 | 타조 |

58. [토끼] 받침 없는 낱말 쓰기

| 토끼 | 토끼 | 토끼 | 토끼 | 토끼 |
| 토끼 | 토끼 | 토끼 | 토끼 | 토끼 |

59. [탁구공] 받침 있는 낱말 쓰기

| 탁구공 | 탁구공 | 탁구공 | 탁구공 | 탁구공 |
| 탁구공 | 탁구공 | 탁구공 | 탁구공 | 탁구공 |

60. [탈곡기] 받침 있는 낱말 쓰기

| 탈곡기 | 탈곡기 | 탈곡기 | 탈곡기 | 탈곡기 |
| 탈곡기 | 탈곡기 | 탈곡기 | 탈곡기 | 탈곡기 |

한글 낱말
글자 선 따라 쓰기

*아래 낱말의 글자 선을 따라 연필로 천천히 예쁘게 써 보세요.

ㅍ 행

61. [파도] 받침 없는 낱말 쓰기

파 도	파 도	파 도	파 도	파 도
파 도	파 도	파 도	파 도	파 도

62. [파리] 받침 없는 낱말 쓰기

파 리	파 리	파 리	파 리	파 리
파 리	파 리	파 리	파 리	파 리

63. [피리] 받침 없는 낱말 쓰기

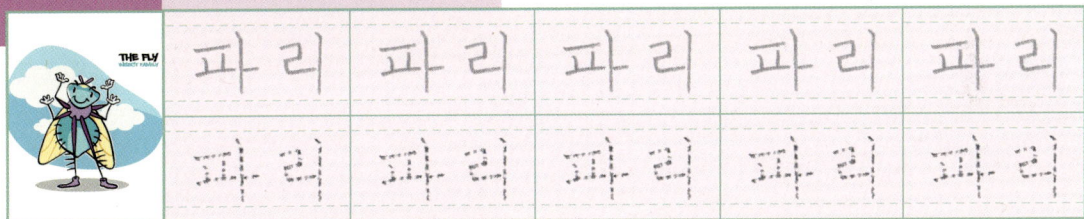

64. [파랑새] 받침 있는 낱말 쓰기

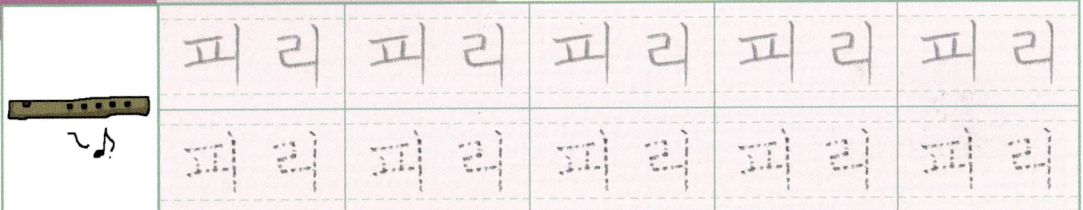

65. [팔씨름] 받침 있는 낱말 쓰기

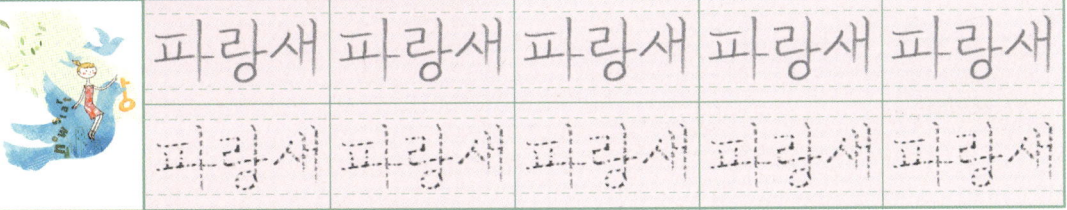

한글 낱말 글자 선 따라 쓰기 14

*아래 낱말의 글자 선을 따라 연필로 천천히 예쁘게 써 보세요.

ㅎ 행

66. [호두] 받침 없는 낱말 쓰기

| 호두 | 호두 | 호두 | 호두 | 호두 |
| 호두 | 호두 | 호두 | 호두 | 호두 |

67. [호수] 받침 없는 낱말 쓰기

| 호수 | 호수 | 호수 | 호수 | 호수 |
| 호수 | 호수 | 호수 | 호수 | 호수 |

68. [하마] 받침 없는 낱말 쓰기

| 하마 | 하마 | 하마 | 하마 | 하마 |
| 하마 | 하마 | 하마 | 하마 | 하마 |

69. [학교] 받침 있는 낱말 쓰기

| 학교 | 학교 | 학교 | 학교 | 학교 |
| 학교 | 학교 | 학교 | 학교 | 학교 |

70. [한복] 받침 있는 낱말 쓰기

| 한복 | 한복 | 한복 | 한복 | 한복 |
| 한복 | 한복 | 한복 | 한복 | 한복 |

한글 쌍자음 낱말
글자 선 따라 쓰기 ①

*아래 낱말의 글자 선을 따라 연필로 천천히 예쁘게 써 보세요.

ㄲ행

1. [까치] 받침 없는 낱말 쓰기

까치	까치	까치	까치	까치
까치	까치	까치	까치	까치

2. [꾸러기] 받침 없는 낱말 쓰기

꾸러기	꾸러기	꾸러기	꾸러기	꾸러기
꾸러기	꾸러기	꾸러기	꾸러기	꾸러기

3. [꼬치] 받침 없는 낱말 쓰기

꼬치	꼬치	꼬치	꼬치	꼬치
꼬치	꼬치	꼬치	꼬치	꼬치

4. [꽁치] 받침 있는 낱말 쓰기

꽁치	꽁치	꽁치	꽁치	꽁치
꽁치	꽁치	꽁치	꽁치	꽁치

5. [깍두기] 받침 있는 낱말 쓰기

깍두기	깍두기	깍두기	깍두기	깍두기
깍두기	깍두기	깍두기	깍두기	깍두기

한글 쌍자음 낱말 글자 선 따라 쓰기

*아래 낱말의 글자 선을 따라 연필로 천천히 예쁘게 써 보세요.

ㄸ 행

6. [따오기] 받침 없는 낱말 쓰기

| 따오기 | 따오기 | 따오기 | 따오기 | 따오기 |
| 따오기 | 따오기 | 따오기 | 따오기 | 따오기 |

7. [떡국] 받침 있는 낱말 쓰기

| 떡국 | 떡국 | 떡국 | 떡국 | 떡국 |
| 떡국 | 떡국 | 떡국 | 떡국 | 떡국 |

8. [떡볶이] 받침 있는 낱말 쓰기

| 떡볶이 | 떡볶이 | 떡볶이 | 떡볶이 | 떡볶이 |
| 떡볶이 | 떡볶이 | 떡볶이 | 떡볶이 | 떡볶이 |

9. [딸기] 받침 있는 낱말 쓰기

| 딸기 | 딸기 | 딸기 | 딸기 | 딸기 |
| 딸기 | 딸기 | 딸기 | 딸기 | 딸기 |

10. [땅콩] 받침 있는 낱말 쓰기

| 땅콩 | 땅콩 | 땅콩 | 땅콩 | 땅콩 |
| 땅콩 | 땅콩 | 땅콩 | 땅콩 | 땅콩 |

한글 쌍자음 낱말 글자 선 따라 쓰기 ③

*아래 낱말의 글자 선을 따라 연필로 천천히 예쁘게 써 보세요.

ㅃ 행

11. [뻐꾸기] 받침 없는 낱말 쓰기

뻐꾸기	뻐꾸기	뻐꾸기	뻐꾸기	뻐꾸기
뻐꾸기	뻐꾸기	뻐꾸기	뻐꾸기	뻐꾸기

12. [뿌리] 받침 없는 낱말 쓰기

뿌리	뿌리	뿌리	뿌리	뿌리
뿌리	뿌리	뿌리	뿌리	뿌리

13. [빨강] 받침 있는 낱말 쓰기

빨강	빨강	빨강	빨강	빨강
빨강	빨강	빨강	빨강	빨강

14. [빨대] 받침 있는 낱말 쓰기

빨대	빨대	빨대	빨대	빨대
빨대	빨대	빨대	빨대	빨대

15. [뽕나무] 받침 있는 낱말 쓰기

뽕나무	뽕나무	뽕나무	뽕나무	뽕나무
뽕나무	뽕나무	뽕나무	뽕나무	뽕나무

한글 쌍자음 낱말 글자 선 따라 쓰기 ④

*아래 낱말의 글자 선을 따라 연필로 천천히 예쁘게 써 보세요.

ㅆ 행

16. [쏘가리] 받침 없는 낱말 쓰기

쏘가리	쏘가리	쏘가리	쏘가리	쏘가리
쏘가리	쏘가리	쏘가리	쏘가리	쏘가리

17. [싸리비] 받침 없는 낱말 쓰기

싸리비	싸리비	싸리비	싸리비	싸리비
싸리비	싸리비	싸리비	싸리비	싸리비

18. [쌈밥] 받침 있는 낱말 쓰기

쌈밥	쌈밥	쌈밥	쌈밥	쌈밥
쌈밥	쌈밥	쌈밥	쌈밥	쌈밥

19. [싹] 받침 있는 낱말 쓰기

싹	싹	싹	싹	싹
싹	싹	싹	싹	싹

20. [쑥] 받침 있는 낱말 쓰기

쑥	쑥	쑥	쑥	쑥
쑥	쑥	쑥	쑥	쑥

한글 쌍자음 낱말
글자 선 따라 쓰기

 5

＊아래 낱말의 글자 선을 따라 연필로 천천히 예쁘게 써 보세요.

ㅉ 행

21. [짱구] 받침 있는 낱말 쓰기

| 짱구 | 짱구 | 짱구 | 짱구 | 짱구 |
| 짱구 | 짱구 | 짱구 | 짱구 | 짱구 |

22. [쪽파] 받침 있는 낱말 쓰기

| 쪽파 | 쪽파 | 쪽파 | 쪽파 | 쪽파 |
| 쪽파 | 쪽파 | 쪽파 | 쪽파 | 쪽파 |

23. [짝꿍] 받침 있는 낱말 쓰기

| 짝꿍 | 짝꿍 | 짝꿍 | 짝꿍 | 짝꿍 |
| 짝꿍 | 짝꿍 | 짝꿍 | 짝꿍 | 짝꿍 |

24. [찜통] 받침 있는 낱말 쓰기

| 찜통 | 찜통 | 찜통 | 찜통 | 찜통 |
| 찜통 | 찜통 | 찜통 | 찜통 | 찜통 |

25. [짱돌] 받침 있는 낱말 쓰기

| 짱돌 | 짱돌 | 짱돌 | 짱돌 | 짱돌 |
| 짱돌 | 짱돌 | 짱돌 | 짱돌 | 짱돌 |

그림 감상하고 동시 쓰기

아래 그림을 감상하면서 오른쪽의 동시를 예쁘게 써 보세요.

바다

낱말 쓰기 끝내고 동시 예쁘게 따라 쓰기 6

바다

수평선 보이는 푸른 바다에
수평선 보이는 푸른 바다에

햇살도 따갑게 내리쬐는데
햇살도 따갑게 내리쬐는데

친구야 어서 가 물놀이하자.
친구야 어서 가 물놀이하자.

파도도 넘실대는 푸른 물결에
파도도 넘실대는 푸른 물결에

우리 모두 즐겁게 수영하면서
우리 모두 즐겁게 수영하면서

무더운 더위를 날려 보내자.
무더운 더위를 날려 보내자.

수수께끼 문제
글자 선 따라 쓰기

아래 수수께끼 문제의 글자를 선 따라 연필로 천천히 예쁘게 써 보세요.

1 병아리가 제일 잘 먹는 약은?

> 병아리가 제일 잘 먹는 약은?
> 병아리가 제일 잘 먹는 약은?

답 : 삐약   풀이 : 알에서 막 깨어났거나 다 자라지 않은 어린 닭을 병아리라 한다.

2 내 것인데도 남이 많이 쓰는 것은?

> 내 것인데도 남이 많이 쓰는 것은?
> 내 것인데도 남이 많이 쓰는 것은?

답 : 이름   풀이 : 다른 사람과 구별하여 부르는 명칭.

3 개 중에 가장 아름다운 개는?

> 개중에 가장 아름다운 개는?
> 개중에 가장 아름다운 개는?

답 : 무지개   풀이 : 대기 중에 떠 있는 물방울이 햇빛을 받아 생긴 반원형의 일곱 색깔 띠.

수수께끼 문제
글자 선 따라 쓰기

아래 수수께끼 문제의 글자를 선 따라 연필로 천천히 예쁘게 써 보세요.

4 운전사가 가장 싫어하는 춤은?

운전사가 가장 싫어하는 춤은?
운전사가 가장 싫어하는 춤은?

답 : 우선멈춤   **풀이** : 달리던 자동차가 횡단보도 앞에서 일단 정지하였다가 다시 가는 일.

5 감지는 못하고 풀기만 하는 것은?

감지는 못하고 풀기만 하는 것은?
감지는 못하고 풀기만 하는 것은?

답 : 코   **풀이** : 코는 풀 수는 있어도 머리카락처럼 감지는 못한다.

6 팽이는 팽이인데 돌지 않는 팽이는?

팽이는 팽이인데 돌지 않는 팽이는?
팽이는 팽이인데 돌지 않는 팽이는?

답 : 달팽이   **풀이** : 달팽이는 고물거리며 기어간다.

수수께끼 문제
글자 선 따라 쓰기

아래 수수께끼 문제의 글자를 선 따라 연필로 천천히 예쁘게 써 보세요.

7 꼭 둘이 있어야 일하는 것은?

> 꼭 둘이 있어야 일하는 것은?
> 꼭 둘이 있어야 일하는 것은?

답 : 젓가락   **풀이** : 젓가락은 두 개로 음식을 집는다.

8 늘 술에 취해 있는 무는?

> 늘 술에 취해 있는 무는?
> 늘 술에 취해 있는 무는?

답 : 홍당무   **풀이** : 부끄럽거나 술에 취해 붉어진 얼굴을 비유적으로 이르는 말로도 쓰인다.

9 창은 창인데 날아가는 창은?

> 창은 창인데 날아가는 창은?
> 창은 창인데 날아가는 창은?

답 : 투창   **풀이** : 창을 멀리 던져 겨루는 것을 투창이라 한다.

수수께끼 문제
글자 선 따라 쓰기

아래 수수께끼 문제의 글자를 선 따라 연필로 천천히 예쁘게 써 보세요.

10 사람들이 좋아하는 영화는?

사람들이 좋아하는 영화는?
사람들이 좋아하는 영화는?

답 : 부귀영화   풀이 : 많은 재산과 높은 지위로 누릴 수 있는 영광스럽고 호화로운 생활.

11 세상에서 가장 빠른 닭은?

세상에서 가장 빠른 닭은?
세상에서 가장 빠른 닭은?

답 : 후다닥   풀이 : 갑자기 빠른 동작으로 뛰거나 몸을 움직이는 모양을 나타내는 말.

12 목수가 짓거나 고치지 못하는 집은?

목수가 짓거나 고치지 못하는 집은?
목수가 짓거나 고치지 못하는 집은?

답 : 고집   풀이 : 자기 의견을 바꾸거나 고치지 않고 굳게 지켜서 우김. 그 우기는 성질.

수수께끼 문제
글자 선 따라 쓰기

아래 수수께끼 문제의 글자를 선 따라 연필로 천천히 예쁘게 써 보세요.

13 슬픔을 다 받아들이는 것은?

슬픔을 다 받아들이는 것은?
슬픔을 다 받아들이는 것은?

답 : 손수건   풀이 : 눈물을 손수건으로 닦는다.

14 진짜 문제투성이인 것은?

진짜 문제투성이인 것은?
진짜 문제투성이인 것은?

답 : 시험지   풀이 : 시험지에는 문제가 많다.

15 가지는 가지인데 못 먹는 가지는?

가지는 가지인데 못 먹는 가지는?
가지는 가지인데 못 먹는 가지는?

답 : 나뭇가지   풀이 : 나뭇가지는 먹을 수 없다.

수수께끼 문제
글자 선 따라 쓰기

아래 수수께끼 문제의 글자를 선 따라 연필로 천천히 예쁘게 써 보세요.

16 가도 가도 만나지 못하는 것은?

가도 가도 만나지 못하는 것은?
가도 가도 만나지 못하는 것은?

답 : 평행선   풀이 : 평행선은 아무리 길어도 나란히 맞선다.

17 한번 가면 다시 오지 않는 것은?

한번 가면 다시 오지 않는 것은?
한번 가면 다시 오지 않는 것은?

답 : 시간   풀이 : 지나간 시간은 다시 오지 않는다

18 어떤 색깔이든 검게 보이는 것은?

어떤 색깔이든 검게 보이는 것은?
어떤 색깔이든 검게 보이는 것은?

답 : 그림자   풀이 : 그림자는 모두 검게 보인다.

수수께끼 문제
글자 선 따라 쓰기

 아래 수수께끼 문제의 글자를 선 따라 연필로 천천히 예쁘게 써 보세요.

19 남의 이름을 거꾸로만 쓰는 사람은?

> 남의 이름을 거꾸로만 쓰는 사람은?
> 남의 이름을 거꾸로만 쓰는 사람은?

답 : 도장 파는 사람   **풀이** : 이름을 반대로 파야 찍으면 바르게 나타난다.

20 귀인데 걸어 다니는 귀는?

> 귀인데 걸어 다니는 귀는?
> 귀인데 걸어 다니는 귀는?

답 : 당나귀   **풀이** : 말과 비슷하나 몸이 좀 작고 귀가 길며, 앞머리에 긴 털이 없다.

21 젖을수록 가벼워지는 것은?

> 젖을수록 가벼워지는 것은?
> 젖을수록 가벼워지는 것은?

답 : 소금   **풀이** : 소금은 물에 녹는다.

수수께끼 문제
글자 선 따라 쓰기

아래 수수께끼 문제의 글자를 선 따라 연필로 천천히 예쁘게 써 보세요.

22 새 중에서 가장 빠른 새는?

새 중에서 가장 빠른 새는?
새 중에서 가장 빠른 새는?

답 : 눈 깜짝할 새   **풀이** : 아주 짧은 시간을 나타내는 말이다.

23 거꾸로 읽어도 같은 낱말은?

거꾸로 읽어도 같은 낱말은?
거꾸로 읽어도 같은 낱말은?

답 : 일요일   **풀이** : 일요일은 바로 읽거나 거꾸로 읽어도 같은 낱말이다.

24 먹어도 배가 안 부르는 것은?

먹어도 배가 안 부르는 것은?
먹어도 배가 안 부르는 것은?

답 : 나이   **풀이** : 사람, 동물, 식물이 세상에 나서 살아온 햇수.

수수께끼 문제
글자 선 따라 쓰기

아래 수수께끼 문제의 글자를 선 따라 연필로 천천히 예쁘게 써 보세요.

25 크면 클수록 땅과 가까워지는 것은?

크면 클수록 땅과 가까워지는 것은?
크면 클수록 땅과 가까워지는 것은?

답 : **고드름**   풀이 : 흘러내리던 물이 땅에 떨어지지 않고 길게 얼어붙어 매달린 얼음.

26 죽었다 다시 살아나는 것은?

죽었다 다시 살아나는 것은?
죽었다 다시 살아나는 것은?

답 : **숯**   풀이 : 숯은 숯불로 다시 살아난다.

27 꽁무니에 모자를 쓴 것은?

꽁무니에 모자를 쓴 것은?
꽁무니에 모자를 쓴 것은?

답 : **도토리**   풀이 : 도토리 모양이 모자를 쓴 것 같다.

수수께끼 문제
글자 선 따라 쓰기

아래 수수께끼 문제의 글자를 선 따라 연필로 천천히 예쁘게 써 보세요.

28 구멍이 작아도 잘 나오는 것은?

구멍이 작아도 잘 나오는 것은?
구멍이 작아도 잘 나오는 것은?

답 : 물총   풀이 : 구멍이 작아야 압력을 받아 세게 멀리 나간다.

29 주걱인데 밥을 푸지 못하는 것은?

주걱인데 밥을 푸지 못하는 것은?
주걱인데 밥을 푸지 못하는 것은?

답 : 주걱턱   풀이 : 주걱은 나무, 플라스틱, 부삽 모양으로 만든, 푸거나 젓는 도구.

30 파리 중에 날지 못하는 파리는?

파리 중에 날지 못하는 파리는?
파리 중에 날지 못하는 파리는?

답 : 해파리   풀이 : 해파리는 플랑크톤성 무척추동물을 통틀어 이르는 말.

수수께끼 문제
글자 선 따라 쓰기

아래 수수께끼 문제의 글자를 선 따라 연필로 천천히 예쁘게 써 보세요.

31 쓰면 쓸수록 좋아지는 것은?

쓰면 쓸수록 좋아지는 것은?
쓰면 쓸수록 좋아지는 것은?

답 : 머리/두뇌   **풀이** : 사람의 두뇌는 쓰면 쓸수록 좋아진다

32 미역장수가 좋아하는 산은?

미역장수가 좋아하는 산은?
미역장수가 좋아하는 산은?

답 : 출산/해산   **풀이** : 산모는 아기를 낳고 미역국을 먹는다.

33 다리는 있으나 발이 없는 것은?

다리는 있으나 발이 없는 것은?
다리는 있으나 발이 없는 것은?

답 : 바지   **풀이** : 옷의 바지에 발은 없다.

수수께끼 문제
글자 선 따라 쓰기

아래 수수께끼 문제의 글자를 선 따라 연필로 천천히 예쁘게 써 보세요.

34 모자를 벗어야만 일이 되는 곳은?

> 모자를 벗어야만 일이 되는 곳은?
> 모자를 벗어야만 일이 되는 곳은?

답 : 이발소   풀이 : 이발소에서 머리를 깎는다.

35 책은 책인데 읽을 수 없는 책은?

> 책은 책인데 읽을 수 없는 책은?
> 책은 책인데 읽을 수 없는 책은?

답 : 주책/술책   풀이 : 주책은 일정한 생각이 없이 되는 대로 하는 짓이다.

36 하루만 지나면 헌것이 되는 것은?

> 하루만 지나면 헌것이 되는 것은?
> 하루만 지나면 헌것이 되는 것은?

답 : 신문   풀이 : 신문은 새로운 사건이나 사실을 알리고 해설하는 정기간행물이다.

수수께끼 문제
글자 선 따라 쓰기

아래 수수께끼 문제의 글자를 선 따라 연필로 천천히 예쁘게 써 보세요.

37 공기만 먹고도 살이 찌는 것은?

공기만 먹고도 살이 찌는 것은?
공기만 먹고도 살이 찌는 것은?

답 : 풍선   풀이 : 가벼운 기체를 넣어 공중으로 높이 떠 올라가게 하는 물건.

38 불은 불인데 뜨겁지 않는 불은?

불은 불인데 뜨겁지 않는 불은?
불은 불인데 뜨겁지 않는 불은?

답 : 이불   풀이 : 솜이나 오리털 따위를 넣어 만든 침구의 하나.

39 물고기의 반대말은?

물고기의 반대말은?
물고기의 반대말은?

답 : 불고기   풀이 : 불고기는 연한 살코기를 얇게 저며 양념해 재었다가 불에 구운 음식.

수수께끼 문제
글자 선 따라 쓰기

아래 수수께끼 문제의 글자를 선 따라 연필로 천천히 예쁘게 써 보세요.

40 하나님도 부처님도 싫어하는 비?

하나님도 부처님도 싫어하는 비?
하나님도 부처님도 싫어하는 비?

답 : 사이비   풀이 : 사이비는 겉으로는 비슷하나 본질은 완전히 다른 가짜를 의미한다.

41 세상에서 제일 큰 코는?

세상에서 제일 큰 코는?
세상에서 제일 큰 코는?

답 : 멕시코   풀이 : 미국 서남부에 인접해 있는 연방공화국.

42 말다툼이 많이 있는 곳은?

말다툼이 많이 있는 곳은?
말다툼이 많이 있는 곳은?

답 : 경마장   풀이 : 말다툼은 말로 옳고 그름을 가리는 다툼이다.

수수께끼 문제
글자 선 따라 쓰기

아래 수수께끼 문제의 글자를 선 따라 연필로 천천히 예쁘게 써 보세요.

43 눈을 감아도 볼 수 있는 것은?

눈을 감아도 볼 수 있는 것은?
눈을 감아도 볼 수 있는 것은?

답 : 꿈/맛   풀이 : 꿈은 꾸면서 볼 수 있고, 음식은 맛 볼 수 있다.

44 중학생과 고등학생이 타는 차는?

중학생과 고등학생이 타는 차는?
중학생과 고등학생이 타는 차는?

답 : 중고차   풀이 : 중고차는 어느 정도 사용하여 조금 낡은 차.

45 학생들이 가장 좋아하는 동네는?

학생들이 가장 좋아하는 동네는?
학생들이 가장 좋아하는 동네는?

답 : 방학동   풀이 : 방학동은 서울특별시 도봉구에 있다.

수수께끼 문제
글자 선 따라 쓰기

아래 수수께끼 문제의 글자를 선 따라 연필로 천천히 예쁘게 써 보세요.

46 세탁소 주인이 가장 좋아하는 차는?

세탁소 주인이 가장 좋아하는 차는?

답 : 구기자차   풀이 : 구기자차는 말린 구기자나무의 열매를 넣고 달인 차이다.

47 가슴에 흑심을 품고 있는 것은?

가슴에 흑심을 품고 있는 것은?

답 : 연필   풀이 : 흑연과 점토를 재료로 된 심을 나무판 속에 넣은 만든 필기도구.

48 이상한 사람들이 모이는 곳은?

이상한 사람들이 모이는 곳은?

답 : 치과   풀이 : 충치가 생겨서 치과에 가 봐야겠다.

수수께끼 문제
글자 선 따라 쓰기

아래 수수께끼 문제의 글자를 선 따라 연필로 천천히 예쁘게 써 보세요.

49 허수아비의 아들 이름은?

> 허수아비의 아들 이름은?
> 허수아비의 아들 이름은?

답 : 허수   **풀이** : 새나 짐승을 막으려고 막대기와 짚 등으로 사람 모양을 만들어 논밭에 세우는 물건.

50 세균 중에서 대장은?

> 세균 중에서 대장은?
> 세균 중에서 대장은?

답 : 대장균   **풀이** : 사람을 포함한 포유류의 장 속에 살고 있는 세균의 하나.

51 앞을 가려야만 잘 보이는 것은?

> 앞을 가려야만 잘 보이는 것은?
> 앞을 가려야만 잘 보이는 것은?

답 : 안경   **풀이** : 시력이 나빠 안경을 끼고 책을 읽었다.

수수께끼 문제
글자 선 따라 쓰기

아래 수수께끼 문제의 글자를 선 따라 연필로 천천히 예쁘게 써 보세요.

52 얼굴은 여섯, 눈은 21개인 것은?

얼굴은 여섯, 눈은 21개인 것은?
얼굴은 여섯, 눈은 21개인 것은?

답 : 주사위   풀이 : 정육면체 모양으로 각 면에 하나에서 여섯까지의 점을 새긴 것이다.

53 닦으면 닦을수록 더러워지는 것은?

닦으면 닦을수록 더러워지는 것은?
닦으면 닦을수록 더러워지는 것은?

답 : 걸레   풀이 : 더러운 곳을 닦거나 훔치는 데 쓰는 헝겊.

54 쥐가 네 마리 모이면 무엇이 될까?

쥐가 네 마리 모이면 무엇이 될까?
쥐가 네 마리 모이면 무엇이 될까?

답 : 쥐포   풀이 : 말린 쥐치를 기계로 눌러 납작하게 만든 어포.

수수께끼 문제
글자 선 따라 쓰기

아래 수수께끼 문제의 글자를 선 따라 연필로 천천히 예쁘게 써 보세요.

55 가장 쓸모없는 구리는?

가장 쓸모없는 구리는?

답 : 멍텅구리   **풀이** : 어리석고 정신이 흐릿하여 사물을 제대로 판단할 수 없는 사람.

56 형을 광적으로 좋아하는 사람들은?

형을 광적으로 좋아하는 사람들은?

답 : 형광펜   **풀이** : 형광 물질로 글씨를 쓰도록 만든 펜.

57 산과 강이 있어도 숲과 물이 없는 것은?

산과 강이 있어도 숲과 물이 없는 것은?

답 : 지도   **풀이** : 지구 표면을 일정한 비율로 줄여서 평면상에 나타낸 그림.

수수께끼 문제
글자 선 따라 쓰기

아래 수수께끼 문제의 글자를 선 따라 연필로 천천히 예쁘게 써 보세요.

58 말은 말인데 타지 못하는 말은?

말은 말인데 타지 못하는 말은?
말은 말인데 타지 못하는 말은?

답 : 거짓말　풀이 : 사실이 아닌 것을 사실처럼 꾸며서 말함.

59 공 중에서 사람들이 가장 좋아하는 공은?

공 중에서 사람들이 가장 좋아하는 공은?
공 중에서 사람들이 가장 좋아하는 공은?

답 : 성공　풀이 : 목적하는 바를 이루다.

60 사람이 먹을 수 있는 제비는?

사람이 먹을 수 있는 제비는?
사람이 먹을 수 있는 제비는?

답 : 수제비　풀이 : 밀가루를 묽게 반죽하여 끓는 장국에 조금씩 떼어 넣고 익힌 음식.

그림 감상하고 동시 쓰기

아래 그림을 감상하면서 오른쪽의 동시를 예쁘게 써 보세요.

썰매

 **낱말 쓰기 끝내고 동시 예쁘게 따라 쓰기**

> 썰매

애들아 우리 모두 얼음판에 가자
애들아 우리 모두 얼음판에 가자

친구는 스케이트 나는 썰매
친구는 스케이트 나는 썰매

내 동생 나영이는 뒤에서 밀고
내 동생 나영이는 뒤에서 밀고

나는 으스대며 앞으로 나간다.
나는 으스대며 앞으로 나간다.

친구는 넘어져 울상이지만
친구는 넘어져 울상이지만

나는 신나게 잘도 달린다.
나는 신나게 잘도 달린다.

그림 감상하고 동시 쓰기

아래 그림을 감상하면서 오른쪽의 동시를 예쁘게 써 보세요.

비눗방울

 낱말 쓰기 끝내고 동시 예쁘게 따라 쓰기 8

비눗방울

아이들이 좋아하는 비눗방울놀이
아이들이 좋아하는 비눗방울놀이

구슬처럼 만들어진 비눗방울이
구슬처럼 만들어진 비눗방울이

하늘 위로 재밌게 올라가네요.
하늘 위로 재밌게 올라가네요.

우리도 좋아하는 비눗방울놀이
우리도 좋아하는 비눗방울놀이

풍선처럼 만들어진 비눗방울이
풍선처럼 만들어진 비눗방울이

허공에서 재미있게 터져 버리네.
허공에서 재미있게 터져 버리네.

그림 감상하고 동시 쓰기

아래 그림을 감상하면서 오른쪽의 동시를 예쁘게 써 보세요.

봄나들이

 낱말 쓰기 끝내고 동시 예쁘게 따라 쓰기 9

봄나들이

저 산에 분홍빛 진달래꽃
저 산에 분홍빛 진달래꽃

이 산엔 노란빛 개나리꽃
이 산엔 노란빛 개나리꽃

우리는 엄마랑 봄나들이 가요.
우리는 엄마랑 봄나들이 가요.

길가에 늘어진 노란 개나리
길가에 늘어진 노란 개나리

여기저기 달려가 따서 물고요.
여기저기 달려가 따서 물고요.

우리 엄마 앞에서 보여드리면
활짝 핀 노란 꽃 내 옷 같데요.

스스로 예쁘게 글자쓰기 연습란 [1]

*책이나 신문의 내용을 보면서 연필로 천천히 따라 써 보세요.

스스로 예쁘게 글자쓰기 연습란 [2]

*책이나 신문의 내용을 보면서 연필로 천천히 따라 써 보세요.

스스로 예쁘게 글자쓰기 연습란 [3]

*책이나 신문의 내용을 보면서 연필로 천천히 따라 써 보세요.

스스로 예쁘게 글자쓰기 연습란 [4]

*책이나 신문의 내용을 보면서 연필로 천천히 따라 써 보세요.

스스로 예쁘게 글자쓰기 연습란 [5]

*책이나 신문의 내용을 보면서 연필로 천천히 따라 써 보세요.

스스로 예쁘게 글자쓰기 연습란 [6]

*책이나 신문의 내용을 보면서 연필로 천천히 따라 써 보세요.

스스로 예쁘게 글자쓰기 연습란 [7]

*책이나 신문의 내용을 보면서 연필로 천천히 따라 써 보세요.

스스로 예쁘게 글자쓰기 연습란 [8]

*책이나 신문의 내용을 보면서 연필로 천천히 따라 써 보세요.

Foreign Copyright:
Joonwon Lee
Address: 3F, 127, Yanghwa-ro, Mapo-gu, Seoul, Republic of Korea
           3rd Floor
Telephone: 82-2-3142-4151, 82-10-4624-6629
E-mail: jwlee@cyber.co.kr

하루 10분 연습으로 완성하는
글씨 쓰기 연습의 모든 것!

한글 연필글씨 교정법

2014. 4. 30. 1판 1쇄 발행
2023. 1. 16. 1판 8쇄 발행

저자와의
협의하에
검인생략

지은이 | 손동조
펴낸이 | 이종춘
펴낸곳 | BM ㈜도서출판 성안당

주소 | 04032 서울시 마포구 양화로 127 첨단빌딩 3층(출판기획 R&D 센터)
      10881 경기도 파주시 문발로 112 파주 출판 문화도시(제작 및 물류)
전화 | 02) 3142-0036
      031) 950-6300
팩스 | 031) 955-0510
등록 | 1973. 2. 1. 제406-2005-000046호
출판사 홈페이지 | www.cyber.co.kr
ISBN | 978-89-315-8030-3 (13710)
정가 | 15,000원

이 책을 만든 사람들
기획 | 최옥현
진행 | 정지현
본문 디자인 | 김인환
표지 디자인 | 박원석
홍보 | 김계향, 박지연, 유미나, 이준영, 정단비
국제부 | 이선민, 조혜란
마케팅 | 구본철, 차정욱, 오영일, 나진호, 강호묵
마케팅 지원 | 장상범
제작 | 김유석

이 책의 어느 부분도 저작권자나 BM ㈜도서출판 성안당 발행인의 승인 문서 없이 일부 또는 전부를 사진 복사나 디스크 복사 및 기타 정보 재생 시스템을 비롯하여 현재 알려지거나 향후 발명될 어떤 전기적, 기계적 또는 다른 수단을 통해 복사하거나 재생하거나 이용할 수 없음.

■ 도서 A/S 안내

성안당에서 발행하는 모든 도서는 저자와 출판사, 그리고 독자가 함께 만들어 나갑니다.
좋은 책을 펴내기 위해 많은 노력을 기울이고 있습니다. 혹시라도 내용상의 오류나 오탈자 등이 발견되면 "좋은 책은 나라의 보배"로서 우리 모두가 함께 만들어 간다는 마음으로 연락주시기 바랍니다. 수정 보완하여 더 나은 책이 되도록 최선을 다하겠습니다.
성안당은 늘 독자 여러분들의 소중한 의견을 기다리고 있습니다. 좋은 의견을 보내주시는 분께는 성안당 쇼핑몰의 포인트(3,000포인트)를 적립해 드립니다.
잘못 만들어진 책이나 부록 등이 파손된 경우에는 교환해 드립니다.